Wolfgang Schüler

Wenn zwei sich streiten, freut sich der Richter

Fälle vor Gericht

Das Neue Berlin

Vignetten von Hans-Eberhard Ernst

Inhalt

Vorwort

Die Sprache ist nach Antoine de Saint-Exupéry die Quelle aller Mißverständnisse. Dabei bezog sich diese Erkenntnis des berühmten Romanciers lediglich auf die Alltagssprache.

Das völlig unverständliche Juristendeutsch hatte er damit nicht gemeint. Führende Rechtswissenschaftler bezeichnen das Juristendeutsch sogar als eine Geheimsprache. Der Anwaltsverein hat vor kurzem ein Wörterbuch herausgegeben, mit dessen Hilfe bundesdeutsche Rechtsanwälte ihre Mandantenbriefe in eine verständliche Sprache übersetzen können. Wer nicht glauben mag, daß dies dringend notwendig ist, der sollte sich einmal den folgenden Satz auf der Zunge zergehen lassen: Ist ein mit einer nach § 25 Abs. 1 S. 1 ErbStG nicht abziehbaren Belastung beschwerter Erwerb nach § 14 Abs. 1 S. 1 ErbStG mit einem späteren Erwerb zusammenzurechnen, ist der Bruttowert des Vorerwerbs sowohl dieser Zusammenrechnung als auch der Berechnung der nach § 14 Abs. 1 S. 2 und 3 ErbStG abzuziehenden Steuer zu Grunde zu legen (BFH 8.3.06, II R 10/05).

Da staunt der Fachmann, und der Laie wundert sich. Oder umgekehrt. In diesem Zusammenhang ist meinem Kollegen Wolfgang Schüler ein großes Lob zu zollen, denn er betätigt sich seit rund 30 Jahren als unermüdlicher Übersetzer auf diesem Gebiet. Woche für Woche verfaßt er neben seiner schwierigen anwaltlichen Tätigkeit wenigstens einen Gerichtsbericht. Dabei bedient er sich einer verständlichen Sprache, die trotzdem juristisch exakt bleibt. Das ist ein großes Kunststück. Ich wäre überhaupt nicht in der Lage, den oben zitierten Satz verständlich wiederzugeben.

Wolfgang Schüler hat seine Karriere als Gerichtsreporter bei der »Berliner Zeitung« begonnen. Er ist seinem Metier treu geblieben, als die Gerichtsberichte in den Wirren der Zeit vorübergehend aus der Mode kamen. Heutzutage, wo jede größere Zeitung, die auf sich hält, wieder Gerichtsberichte veröffentlicht, gehört Wolfgang Schüler zu den Besten seiner Zunft. Ich sage das nicht, weil ich mit ihm persönlich befreundet bin. Der Grund für dieses Urteil sind seine menschlich anrührenden, meist humorvollen Geschichten aus dem Alltagsleben.

Viele andere Gerichtsreporter ziehen sich in die Rolle des außenstehenden Betrachters zurück, die unbeteiligt und mit kaltem Herzen das Geschehen im Verhandlungssaal wie durch eine vereiste Fensterscheibe betrachten. Nicht so Wolfgang Schüler. Er ist immer mittendrin im Geschehen, fühlt und leidet mit den Menschen. Er bezieht Stellung, sagt seine Meinung und bemängelt, was kritikwürdig ist. Ein anderer an seiner Stelle hätte längst das Handtuch geworfen, oder wäre in Routine erstarrt. Wolfgang Schüler hingegen hat sich den Blick bewahrt für das Leben, so wie es wirklich ist, mit all seinen tragischen Seiten und auch den komischen Momenten.

Dafür lieben ihn seine zahlreichen Leser. Wolfgang Schüler hat in vielen Zeitungen und Zeitschriften veröffentlicht. Seit 16 Jahren schreibt er als Stammautor für die »Bauernzeitung«, und dieses Buch ist bereits der sechste (!) Band seiner gesammelten Gerichtsberichte, deren Zahl insgesamt schon längst die Tausendergrenze überschritten hat.

Rechtsanwalt Peter Paul Baron von Derschau

Abgeordnete, Arbeitslosengeld, Arbeitsunfall, Baustopp, Beamte, Bedrohung

Ein störender Zuschauer

In dem kleinen Angerdorf mit angrenzendem Siedlungsgebiet brannte seit einiger Zeit die Luft. Das Volk murrte – jedenfalls ein Teil davon. Das Unglück hatte vor einigen Jahren begonnen. Das war, als die Gemeindevertreter auf die Schnapsidee kamen, die Hauptforderung ihrer Wähler zu erfüllen und für vernünftige Straßen im gesamten Ort zu sorgen. Die ausgefahrenen Holperwege im Siedlungsgebiet verwandelten sich nämlich im Herbst und in Frühjahr regelmäßig in unpassierbare Schlammpisten. Es hatte Eingaben, Petitionen und Bittschriften gehagelt. Der Bau der ersten Straße wurde noch wie ein Sieg der Revolution gefeiert.

Das Blatt wendete sich, nachdem die ersten Gebührenbescheide verschickt wurden. Als die Bürger schwarz auf weiß lasen, in welcher Höhe sie zur Kasse gebeten werden sollten, mutierten etliche von ihnen zu Verfechtern ökologischer Sandwege in rustikal-traditioneller Leichtbauweise.

Volkmar, ein rüstiger Rentner, schwang sich zum Wortführer der geknechteten Straßenanrainer auf. Während einer Gemeindevertretersitzung im Saal des Dorfkrugs unterbreitete er den lustigen Vorschlag: »Die gesamte Abgeordnetenbande müßte auf der Stelle erschossen werden!«

Glücklicherweise waren zu dieser Stunde keine Pistolenträger anwesend, so daß das Schlimmste gerade noch verhindert werden konnte. Bei der nächsten Gemeindevertretersitzung entschuldigte sich Volkmar in aller Form.

Allerdings schob er ein großes ABER nach: »Aber wenn die Gemeindevertreter Charakter besäßen, hätten sie nach ihrer Fehlentscheidung komplett zurücktreten müssen. Aber es geht ihnen nicht um das Wohl der Bürger, sondern nur um ihr Sitzungsgeld!«

Nun war das Maß voll. Bürgermeisterin Elke sprang auf und verwies Volkmar des Saales. Anschließend beschlossen die Gemeindevertreter, dem Störenfried unter Strafandrohung den Zutritt zu den Sitzungen bis zum Ende der Wahlperiode zu verbieten.

Ein richtiger Querulant läßt sich von solch einem Wischiwaschi nicht einschüchtern. Volkmar reichte beim Verwaltungsgericht per Eilantrag Klage ein.

Die Richter konnten Volkmars provokanten Sprüche natürlich nicht gutheißen: »Die verbalen Entgleisungen des Antragstellers, die als nicht hinnehmbar zu qualifizieren sind, wiegen unzweifelhaft schwer.« So weit, so gut.

Doch auch die Richter schoben ein großes ABER nach: »Es ist aber unberücksichtigt geblieben, daß die Äußerung im Zusammenhang mit einem höchst sensiblen Thema gefallen war. Es kann daher nicht hinreichend sicher prognostiziert werden, ob sich der Antragsteller bei zukünftigen Sitzungen zu weiteren Entgleisungen hinreißen lassen wird.«

Damit hatten die Richter hundertprozentig Recht. Kein Mensch kann in die Zukunft schauen. Niemand weiß, ob zum Beispiel ein Alkoholiker morgen wieder trinken und ob ein Taschendieb auch noch nächste Woche stehlen wird.

Das Gericht dachte seinen klugen Gedanken konsequent zu Ende und gab dem Begehren Volkmars statt. Er darf zukünftig wieder an allen Gemeindevertreterversammlungen teilnehmen.

Glücklicherweise verabreichten die Richter auch ein Trostpflaster für die geschmähten Abgeordneten: »Sollte der Antragsteller zukünftig stören, ermächtigt das Hausrecht die Bürgermeisterin, ihn von der jeweiligen Sitzung auszuschließen.«

Es ist wirklich sehr beruhigend, wenn man die Frau im eigenen Hause ist.

Glück gehabt?

Friedbert rutschte auf der alten Bank vor der elterlichen Waschküche herum und betrachtete verlegen seine schwieligen Hände. Vor ihm stand Ehefrau Sandra mit verschränkten Armen und hielt ihm eine Standpauke, die noch auf dem Nachbarhof zu hören war. Der Inhalt des einseitigen Zwiegesprächs läßt sich mit wenigen Worten wiedergeben: Die gute Gattin war es leid, ohne einen Cent in der Schürzentasche an der Seite ihres arbeitslosen Mannes in einem Kuhkaff zu versauern. Sie hatte es satt, ständig das Gelaber der Schwiegereltern hören zu müssen. Sandra forderte Tatkraft, Mobilität und Kreativität. Friedbert nickte gottergeben und murmelte mitunter »wull, wull«. Jede Form von Widerspruch hätte bei ihm akute Zahnschmerzen verursacht.

Ein Jahr später, an einem Sonntag, saß Friedbert im weißen Plastiksessel auf einem drei mal drei Meter großen Rasenstück vor einem Reihenhaus. Links und rechts in der Straße standen Dutzende weitere Reihenhäuser, die sich wie ein Ei dem anderen glichen. Die Familie war 500 Kilometer weit weg in ein anderes Bundesland gezogen. Dort gab es für Friedbert Arbeit in einer Straßenbaufirma und für Sandra einen Halbtagsjob in einem Friseurgeschäft. Dank des gemeinsamen Einkommens konnten sie sich eine tadellose Wohnung, blitzende neue Möbel auf Pump und alle zwei Wochen ein Abendessen beim Frikadellen-König leisten. Trotzdem gab es Probleme. In der sauberen Siedlung mit den reizenden Häusern und den niedlichen Gärten war der Hund begraben.

Zu der einen ständigen Unmutsfalte auf der Stirn der guten Gattin gesellte sich eine zweite. Bevor sich eine dritte manifestieren konnte, verschwand Sandra, und zwar für immer. Ihrem Ehemann ließ sie einen Zettel zurück. Auf dem stand: »Versager!«

Friedberts Gehalt allein reichte nicht aus, um Miete und Kreditraten bezahlen zu können. Er kündigte die Wohnung, schaffte die Möbel in einen Speicher und zog in das Arbeiterwohnheim seiner Firma. Die blaue Blechbaracke stand auf dem Betriebsgelände im Gewerbegebiet. Friedbert mußte 20 Euro im Monat zahlen. Dafür bekam er die obere Etage eines Doppelstockbettes in einem Viermannzimmer, einen Metallspind sowie einen Stahlrohrstuhl mit Kunststoffsitz zugeteilt.

Friedbert hielt mehrere Monate durch, dann hatte er die Faxen dicke. Er kündigte. Es zog ihn heimwärts zur alten Bank vor der Waschküche, mit oder ohne Job. Die Ernüchterung folgte auf dem Fuße. Das Arbeitsamt sperrte ihm sein Arbeitslosengeld für zwölf Wochen, weil er mutwillig einen sicheren Arbeitsplatz aufgegeben hatte. Friedbert klagte gegen den Bescheid.

In der Gerichtsverhandlung erzählte er von katzengroßen Ratten im Arbeiterwohnheim. Er berichtete von seinen drei Zimmergenossen, die aus südlichen Ländern stammten und der deutschen Sprache nur ansatzweise mächtig waren, die Knoblauchzehen wie andere Leute belgisches Konfekt vertilgten und die mit Vorliebe nachts im Bett rauchten. Er sprach von seinem Schuldenberg, der sich kaum verringerte, und von dem Plan, eine Hausmeister-Ich-AG zu gründen.

Irgendwann unterbrach ihn die Richterin: »Pflichtverstoß bleibt Pflichtverstoß. Aber mir scheint, bei Ihnen liegt eine besondere Härte vor. Ich schlage vor, wir kürzen die Sperrfrist auf sechs Wochen ab. Sind die Parteien damit einverstanden?«

Sie waren es. Friedbert hatte noch einmal Glück gehabt. Allerdings ist Glück nie das, was man sich darunter vorstellt.

Plötzlicher Tod

Es gibt einige wenige Tätigkeiten, die sich seit Hunderten von Jahren kaum verändert haben. Der Beruf eines Waldarbeiters zählt dazu, auch wenn er inzwischen ebenso vom Aussterben bedroht ist, wie der Wald selbst. Im Jahr 2003 zeigten 23 Prozent der Bäume in Deutschland schwere Schäden. Das sind zwei Prozent mehr als noch ein Jahr zuvor. Weitere 46 Prozent der Bäume waren mittel bis leicht geschädigt. Die Gründe dafür sind in den Belastungen durch Stickoxide, Ammoniak sowie Ozon, in dem heißen Sommer und in der steigenden Übersäuerung der Böden zu suchen. Die Bundesregierung stufte in ihrem jüngsten Waldzustandsbericht nur noch 31 Prozent der Bäume als gesund ein.

Dieser Negativtrend wird durch die leeren Staatskassen beschleunigt. Das Land Brandenburg beispielsweise hat im Zuge der sogenannten Forstreform 40 Millionen Euro eingespart. Im Jahr 2000 wurden die ersten 200 Forstarbeiterstellen abgebaut. Die Rotstift-Politik setzte sich fort. Bis zum Jahr 2005 wurden rund 1.000 Waldarbeiter-Stellen ersatzlos gestrichen.

Der 35jährige Gerald war ein Mitglied dieser aussterbenden Zunft. In den Sommermonaten half er in der Landwirtschaft aus, in den Wintermonaten verdingte er sich im Forst. Nach sieben Jahren wurde er zum Truppführer bestimmt. Ihm unterstanden zwei Mann: Karl und Willy.

An einem Tag im Januar waren die drei Waldarbeiter damit beschäftigt, einen Pappelwald auszulichten. Dazu benutzten sie zwei Kettensägen gleichzeitig. Gerald fällte mit seiner Motorsäge die markierten Bäume und entfernte die Äste. Karl zerlegte mit der zweiten Kettensäge die Bäume am Boden in ein Meter lange Stücke. Willy arbeitete mit der Handsäge.

Gegen 13 Uhr schnitt der Truppführer in eine rund 30 Meter hohe Pappel eine Kerbe, um die Richtung zu bestimmen, in die der Baum fallen sollte. Als er die Kettensäge dann zum eigentlichen Sägeschnitt ansetzte, rief er laut: »Achtung, Baum fällt.« Willy trat beiseite. Doch Karl in zwanzig Metern Entfernung hörte ihn nicht. Das jaulende Geräusch seiner eigenen Säge übertönte die Warnung. Die stürzende Pappel fiel ihm entgegen. Als er den Schlagschatten bemerkte, richtete er sich auf. Zu spät. Ein armdicker Ast traf ihn am Kopf. Er war auf der Stelle tot.

Die anschließende Untersuchung ergab, daß Karl die Unfallverhütungsvorschriften in zweifacher Hinsicht mißachtet hatte. Er war ohne Schutzhelm zur Arbeit erschienen. Und im Augenblick seines plötzliches Todes arbeitete er im Aufschlagbereich des Baumes, obwohl er wußte, wie lebensgefährlich das war. Doch auch Gerald war nicht ohne Schuld. Er hätte den Baum nicht fällen dürfen, solange sich jemand in der Gefahrenzone aufhielt.

Hatte Gerald grob fahrlässig gehandelt? Für die Unfallversicherung stand das außer Frage. Als Truppführer war er für den Arbeitsschutz in seinem Team verantwortlich. Sie verklagte ihn deshalb auf den Ersatz ihrer unfallbedingten Aufwendungen in Höhe von 51.415,23 Euro.

Vor Gericht räumte der Waldarbeiter ein, die Unfallverhütungsvorschriften außer acht gelassen und damit den Unfall mitverursacht zu haben. Aber dies sei nur fahrlässig geschehen, denn ob mit oder ohne Helm, der Aufprall des starken Astes wäre für Karl in jedem Fall tödlich gewesen.

Das Gericht sah das anders: »Da es der Beklagte nun einmal unterlassen hatte, seinen Kollegen zur Helmbenutzung anzuhalten, wie es seine Pflicht als verantwortlicher Truppführer gewesen wäre, durfte er ihn um so weniger durch eigenes Verhalten irgendeiner Gefahr von Kopfverletzungen aussetzen.«

Gerald wurde dazu verurteilt, der Versicherung den gesamten Schaden zu ersetzen.

Der Preis der Ehrlichkeit

Die Arbeit ist laut Statistik die Hauptursache aller Betriebsunfälle. Das hört sich ironisch an, ist es aber keineswegs. Zu den Arbeitsunfällen zählen auch Unfälle, die sich auf dem Weg von oder zu der Arbeitsstelle ereignen – sogenannte Wegeunfälle. Nach einem solchen Wegeunfall hat der Arbeitnehmer einen Anspruch auf Versicherungsleistungen, die ihm nicht zustehen würden, wenn es sich um einen Unfall im Freizeitbereich gehandelt hätte.

Der 18jährige Mike arbeitete auf einem Bauhof und fuhr täglich mit einem rotlackierten Moped vier Kilometer weit von A-Dorf nach B-Stadt. An einem Freitag den 13. sauste Mike auf dem Heimweg gegen 13.30 Uhr mit seinem fahrbaren Untersatz durch eine stille Nebenstraße von B-Stadt. Als er einen am rechten Straßenrand parkenden Pkw passierte, scherte der Wagen plötzlich nach links aus. Berthold, der Fahrer, hatte getrieft und nicht in den Rückspiegel geschaut. Das Auto knallte mit seinem Kotflügel gegen das Vorderrad des Feuerstuhls und beendete abrupt dessen Weiterfahrt. Der junge Mann schoß einen unfreiwilligen Salto Mortale und kam äußerst unsanft vor einer Parkbank auf der anderen Straßenseite zum Liegen. Das Moped war nun Schrott, und einige wichtige Körperteile von Mike ebenso. Kombi, Stiefel, Helm und Handschuhe hatten etliches abgefangen, aber eben nicht alles. Der Innenmeniskus und das Sprunggelenk des linken Beines waren gebrochen.

Nachdem Mike im Krankenhaus aufgewacht war, mußte er einen Unfallbericht verfassen. Wahrheitsgemäß notierte er: »Ich befand mich auf der Heimfahrt. Unterwegs machte ich einen kleinen Umweg von etwa hundert Metern, weil ich mir an einem Automaten Geld ziehen wollte.«

Diese Ehrlichkeit veranlaßte die Berufsgenossenschaft,

ihre Eintrittspflicht zu verneinen. Das war tragisch, denn der Innenmeniskus und das Sprunggelenk wuchsen nicht mehr richtig zusammen. Als Folge blieb eine Minderung der Erwerbsfähigkeit von über zwanzig Prozent zurück. Dem jungen Mann blieb nichts weiter übrig, als eine Klage auf Anerkennung seines Mißgeschicks als Wegeunfall einzureichen.

Friedrich Schiller dichtete bereits in »Wallensteins Tod«: »Dein Weg ist krumm, er ist der meine nicht.« In diesem Sinne urteilten auch die Richter. Sie befanden nämlich: »Der Weg des Klägers verlängerte sich um hundert Meter. Er diente nicht mehr dem Zurücklegen der Entfernung zwischen Arbeitsstätte und Wohnung, sondern dem Aufsuchen der Sparkasse, um dort Geld abzuheben. Wegen dieser Handlungstendenz bestand auf dem Weg zwischen der Kreuzung und dem beabsichtigten Wiedereinbiegen in Richtung seiner Wohnung kein Versicherungsschutz.« Mikes Klage wurde abgewiesen.

Hätte Mike in seinem Unfallbericht geschrieben, daß er den Umweg machen mußte, weil auf der Hauptstraße Stau gewesen war oder daß er eine Strecke mit Kopfsteinpflaster umfahren wollte, hätte der Sturz als Wegeunfall anerkannt werden müssen. So aber nicht. »Ehrlichkeit ist eine Tugend, die den Menschen ein Vermögen kostet«, schrieb schon der polnische Schriftsteller Karol Irzykowski.

Schnäppchen mit Folgen

An einem verhängnisvollen Sonntag im Juni beschlossen die Eheleute Sonja und Robert, ansonsten sehr vernünftige und umsichtige Großstadtbewohner, mit der Eisenbahn weit hinaus ins Grüne zu fahren und von dort eine Fahrradtour durch die Wiesen und Felder zu unternehmen. Wenn sie geahnt hätten, was sich daraus entwickeln würde, wären sie nur bis zum nächsten Ausflugslokal gestrampelt.

Am Ende der Welt, in einem kleinen Dorf ohne Kneipe, Kaufmannsladen, Küster und Öffentlichem Personen-Nahverkehr (ÖPNV), entdeckten sie am Ortsrand ein winziges Häuschen in einem entzückenden Gärtchen, in dem bunte Blumen gar herrlich blühten. »Och, ist das süß«, seufzte Sonja aus tiefstem Herzen, und Robert, dieser Einfaltspinsel, pflichtete ihr auch noch bei! Seine Gattin nahm diese Zustimmung als Aufforderung zum Handeln und klopfte nebenan beim Bauern Lindemann, um sich nach dem Eigentümer der Kate zu erkundigen. »Die alte Bruchbude steht schon seit Jahren leer. Ich täte sie glatt für kleines Geld preisgünstig abgeben«, meinte der Dörfler und nahm höflich die Tabakspfeife aus dem Mund.

Dreizehn Wochen später war der Notartermin. 2.550 Euro wechselten den Besitzer. Das waren mindestens 2.500 Euro zuviel, wie die frischgebackenen Büdner alsbald feststellen mußten. Die Wände des Häuschens waren schief und krumm, ein Fundament im eigentlichen Sinne gab es nicht, und durch das morsche Dach funkelten des Nachts die silbernen Sternlein.

»Ich schlage vor, wir ziehen ein Fundament rund um das Gebäude und mauern Klinkerwände hoch. Das sieht hübsch aus, dient der Wärmeisolierung und stützt den alten Kasten ab«, meinte Sonja. Robert pflichtete ihr wie üblich bei. Anschließend fuhr er mit seiner goldenen Kreditkarte in der Hosentasche zum Baumarkt.

An den nächsten Wochenenden verbrachten die Eheleute viel Zeit an der frischen Luft, während das dicke Polster auf ihrem Sparkonto verschrumpelte wie eine alte Zitrone. Dann brachte der Postbote einen Brief. Er enthielt eine Verfügung vom Bauordnungsamt. Wegen fehlender Baugenehmigung wurde ein Baustopp ausgesprochen.

Sonja sprach mit einem befreundeten Architekten. Der fertigte für einen Vorzugspreis von 5.000 Euro eine Zeichnung an und reichte den Bauantrag ein. Das Bauordnungsamt arbeitete schnell und unbürokratisch. Es prüfte die Unterlagen, erteilte nach fünf Monaten die Baugenehmigung und zog Gebühren in Höhe von 562 Euro ein. Nebenher trudelten peu à peu Rechnungen vom Finanzamt, vom Grundsteueramt, vom Katasteramt, vom Wasserverband, vom Energieversorger, vom Gasunternehmen, vom Telefonservice, vom Vermessungsbüro, vom Elektriker, vom Installateur, vom Zimmermann, vom Bezirksschornsteinfeger, vom Dachdecker, vom Fensterbauer sowie vom Fliesenleger ein, und die Gemeinde forderte einen Vorschuß für den geplanten Straßenbau. Das Äußere des Hauses veränderte sich nur unwesentlich.

Der nächste Brief brachte das Faß zum Überlaufen. Das Bauordnungsamt hatte wegen des vorherigen Schwarz-Bauens einen Bußgeldbescheid über 500 Euro erlassen. »Ich will nicht länger von Margarinestullen leben«, flüsterte die abgemagerte Sonja frustriert und legte Widerspruch ein.

In der Gerichtsverhandlung sprudelte das ganze Elend aus ihr heraus. Die Richterin hatte Mitleid und reduzierte den Betrag auf die Hälfte. »In Zukunft empfehle ich Hobbys, die nichts kosten«, gab sie noch als guten Rat mit auf den Weg.

Beamter macht blau

Beamte gelten als die besten Ehemänner. Sie sind abends nicht müde und haben schon die Zeitung gelesen. Deshalb dürfen in ihren Büros auch keine Blumen stehen. In Schlafzimmern haben Grünpflanzen nämlich nichts zu suchen.

Ähnlich finstere Scherze gibt es noch Dutzende. Aber sie werden vom tatsächlichen Leben weit übertroffen, wie der folgende Fall beweist.

Henning, ein 35jähriger Regierungsobersekretär in der Finanzdirektion, war ein sehr aktiver Mensch: Er spielte als Mittelstürmer Fußball im »SC Traktor«, trainierte die C-Klasse-Mannschaft seines Heimatortes und verfaßte nebenberuflich als Sportreporter Meldungen für die Regionalzeitung. Nach den Spielen stand er im Vereinslokal hinter dem Tresen und zapfte für seine Kameraden die durstlöschenden Bierchen. Außerdem organisierte er in regelmäßigen Abständen Skatturniere und verwaltete die Vereinsgelder. Als Kassenwart korrespondierte Henning selbstverständlich mit dem Finanzamt. Noch nie hatte es auch nur eine einzige Beschwerde gegeben.

Alles hätte also in bester Ordnung sein können, wenn die blöde Arbeit nicht wäre. Der gesamte sportliche Elan fiel von Henning ab, sobald er hinter seinem Behördenschreibtisch Platz genommen hatte. Dann fühlte er sich antriebslos und müde. Er litt unter Atemnot und Schlafstörungen (natürlich nicht im Büro, sondern nach der Arbeit – nachts im eigenen Bett).

Der sportliche Regierungsobersekretär tat das naheliegende. Er machte blau. Zunächst 13 Tage lang. Das war im Jahr 1998. Seine Leistungskurve sank dadurch keinen einzigen Millimeter ab. Weshalb nicht? Weil sich Beamte ausschließlich durch den Fleiß ihrer Untergebenen auszeichnen.

1999 erhöhte Henning die Dosis der zusätzlichen freien Tage auf 28, im Jahr 2000 auf 46, 2001 auf 118 und 2002 auf 137. Nun ließen sich seine Dienststunden im Jahr an den Knöpfen eines Herrenoberhemdes abzählen.

Die Vorgesetzten des Finanzbeamten beobachteten diese Entwicklung mit gewisser Sorge. Allerdings gibt es nichts Schlechtes ohne etwas Gutes. Im Fall von Henning bestand der positive Aspekt in der Tatsache, daß ihm in seiner Tätigkeit so gut wie keine Fehler mehr unterliefen. Wer nicht anwesend ist, kann auch nichts falsch machen.

Wer weiß, wie lange die permanente Schwänzerei völlig folgenlos geblieben wäre, wenn Henning nicht eines Tages die Schnapsidee gehabt hätte, die riesigen Aktenstapel auf seinem Schreibtisch im Schnellverfahren abzuarbeiten: Er steckte sie in den Reißwolf. Ritsch, ratsch, weg waren sie.

Sein Chef konnte eine solche Handlungsweise natürlich nicht dulden. Auf diese Weise würde sich die Behörde sonst selbst überflüssig machen und damit abschaffen. Hennings Entlassung aus dem Dienst wurde verfügt. Er klagte dagegen, aber die Richter am Verwaltungsgericht hielten die Entscheidung der Behörde für gerechtfertigt: »Wenigstens 50 Prozent der deutschen Bevölkerung geht es auch nicht besser. Das rechtfertigt keinesfalls die schweren Verfehlungen. Das Vertrauen der Amtsverwaltung ist völlig zerstört.«

Henning mußte ohne Anspruch auf weitere Bezüge den Dienst quittieren. In Deutschland sind wahrlich harte Zeiten angebrochen.

Automobilist contra Radfahrer

Frei nach einem bekannten russischen Zitat könnte man sagen: Das Wertvollste, was der Mensch besitzt, ist sein – Auto. Es wird ihm (im Gegensatz zu seinem Leben) zwar nicht nur einmal gegeben, aber viele tun so, als ob.

Beispielsweise der 19jährige Fleischerlehrling Utz. Er hatte sich sechs Tage vor Weihnachten von seiner Mutter den Wagen ausgeliehen (eine lindgrüne Limousine der Oberklasse), war mit seiner Verlobten Brit zu einer Spritztour in der Gegend herumgegondelt und in den frühen Abendstunden zurückgekehrt. Er saß am Steuer und wartete bei laufendem Motor, daß ihm die Liebste von innen das Hoftor aufschloß. Der Pkw stand zu zwei Dritteln auf dem Bürgersteig, bis zur Grundstücksgrenze war es noch ein knapper Meter.

In diesem schicksalhaften Moment kam der Techniker Falko auf einem Mountainbike angeradelt. In Ermangelung eines Radweges fuhr er entgegen der Vorschriften auf dem Bürgersteig. Vielleicht wäre nichts passiert, wenn der 43jährige angehalten und gewartet hätte. Aber das tat er nicht. Weshalb nicht? Nun, jeder Mensch mit einer vernünftigen polytechnischen Ausbildung weiß, daß Radfahrer nichts mehr hassen, als verkehrswidrig auf Fuß- oder Radwegen parkende Autos. Falko eierte mit seinem Drahtesel um die drohend vorgestreckte Motorhaube herum und streifte dabei mit einer Packtasche das Nummernschild der Nobelkarosse.

Utz riß die Augen auf, seine Hände krallten sich ins Lenkrad, sein Mund öffnete sich staunend und die Fluppe fiel ihm auf die Hose. Er verharrte regungslos. Die Erstarrung löste sich, als Brit voller Entsetzen schrie: »Der Flachwi... hat mit seiner Pedale das Nummernschild gestreift!«

Utz warf den Rückwärtsgang ein, der Wagen schoß

zurück auf die Straße, Reifen quietschten, der Motor grummelte drohend, und dann zeigten 250 PS, wie spurtfreudig mehrere Tonnen Blech und Stahl sein können.

An der nächsten Ecke hatte Utz den Frevler eingeholt. Der Fleischerlehrling sprang aus dem Auto, trat gegen das Fahrrad, und nachdem Falko unsanft auf dem harten Pflaster zum Liegen gekommen war, spürte er hartes Metall an seiner Schläfe. »Ich knall dich ab, du Hund«, schrie Utz wie von Sinnen. Glücklicherweise handelte es sich bei dem Mordinstrument in seiner Hand nur um eine Gaspistole, die überdies Ladehemmung hatte.

Sein Opfer konnte das nicht wissen und schrie wie am Spieß. Eine beherzte Rentnerin nahm ihren Krückstock und prügelte damit auf den Revolverhelden ein. Eine Funkstreife machte dem Spuk ein Ende. Sie untersuchte anschließend das Nummernschild und konnte nicht die leiseste Spur eines Kratzers feststellen. Auch der metallglänzende Lack hatte nichts abbekommen.

Aber Utz bekam die volle Kelle. Der Richter meinte am Ende der Beweisaufnahme: »Jemand wie Sie gehört nicht auf die Straße. Immer wieder kommt es vor, daß Autofahrer andere Verkehrsteilnehmer mit Waffen bedrohen. Es ist die Aufgabe des Gerichts, hier einen Pflock einzuschlagen.«

Der Fleischerlehrling beugte reuevoll den Kopf und entgegnete: »Ich wollte den Mann doch gar nicht bedrohen. Ich wollte nur, daß er sich ansieht, wo er gegen das Auto gefahren ist. Das war ein teurer Wagen.«

Es half ihm nichts. Das Gericht entzog Utz für 24 Monate den Führerschein und verurteilte ihn wegen Bedrohung, Beleidigung und Sachbeschädigung zu einer Geldstrafe ihn Höhe von 900 Euro.

Beleidigung, Betrug, Darlehen, Deutsches Reich, Diebstahl

Fünf Traktoren sind einer zu wenig

Bauer Lindemann war nicht nur Landwirt, sondern auch ein passionierter Jäger und Sammler. Er inspizierte regelmäßig den gemeindlichen Schrottcontainer am Sportplatz, besuchte sämtliche Flohmärkte in der näheren Umgebung und stand bei den in letzter Zeit häufig werdenden Werkstatt- oder Betriebsauflösungen mit als erster am Tor. Auf diese Weise hatte er bereits eine komplette Scheune äußerst kostengünstig mit metallischen Wertstoffen aller Art – von anderen verächtlich als Schrott bezeichnet – gefüllt. Zu seinem Sammelsurium gehörten auch fünf Traktoren. Einer davon war im Einsatz, die vier übrigen dienten als Ersatzteilspender.

An einem regnerischen Augusttag klopfte es an der Tür. Draußen stand Horst, der ältere Bruder von Bauer Lindemann. Horst ging tagsüber in der Kreisstadt arbeiten, abends und am Wochenende bewirtschaftete er einen kleinen Hof in der Nachbarschaft. »Keule[1], borg mir mal den Trecker«, sagte Horst.

»Kein Problem, Atze[1]«, meinte Bauer Lindemann. Er irrte sich, denn diese selbstverständliche Geste familiärer Verbundenheit zog großen Ärger nach sich.

Hotta, also Horst, hockte sich auf den Bock und tuckerte los, die Dorfstraße nunner[2] in Richtung Feld. An der Kreuzung in Richtung Großmannsdorf kam von rechts ein lustiges buntes Auto angebraust. Horst schenkte ihm keine Beachtung, dazu war es viel zu klein. Kurz darauf schepperte es. Dem verwirrten und desorientierten Städter am Steuer, der in dieser Gegend überhaupt nichts zu suchen hatte, war offenbar die auf dem flachen Lande übliche Regel »Pflasterstraße geht vor Sandweg« unbekannt. Er hatte ohne jegliches Gespür für regionale Besonderheiten auf seinem angeblichen Vorfahrtsrecht bestanden (es gewissermaßen zu erzwingen versucht) und natürlich mit seiner Asphaltblase den kürzeren gezogen. Zur Beruhigung der geneigten Leserschaft sei noch gesagt: Dem Traktor war nichts passiert.

Bauer Lindemann wurde der Prozeß gemacht. Der Tatvorwurf lautete: »Fahrlässige Ermächtigung zum Fahren ohne Fahrerlaubnis«. Horst besaß nämlich keine Fleppen[3]. Wozu auch. Seit seiner frühesten Jugend fuhr er Traktor, und nie zuvor hatte ihn jemand nach einem Berechtigungsschein gefragt. Bauer Lindemann bekam eine Geldstrafe von 300 Euro aufgebrummt. Das wäre noch zu verschmerzen gewesen, aber der Traktor war zu Beweiszwecken beschlagnahmt worden, und das Strafverfahren gegen Horst lag noch in weiter Ferne.

Bauer Lindemann bat dessen Verteidigerin Sigrun um Hilfe. Die Rechtsanwältin telefonierte zunächst mit dem Richter und schrieb dann einen Brief an das Gericht: »Die dilatorische[4] Behandlung durch das Amtsgericht ist nicht nur exemplarisch deutlich geworden durch die unterlassene Anhörung vor der Beschlagnahme, für die der Richter immerhin fünf Wochen brauchte (angebliche Tat 21.08., Beschlagnahmebeschluß 26.09., Ausführung 05.10.), sondern setzt sich fort, indem bis Dezember partout keine Hauptverhandlung anberaumt wird. Ein kleiner Mann ist zum bevorzugten Opfer der Staatsgewalt geworden.«

Der Richter kannte keine Fremdworte. Er glaubte, »dilatorisch« bedeute »dilettantisch« und fühlte sich auf den Schlips getreten. Als Folge wurde Rechtsanwältin Sigrun der Prozeß wegen Beleidigung gemacht. Im Urteil hieß es: »Die Unhaltbarkeit der von der Angeklagten behaupteten ehrverletzenden Tatsachen liegt auf der Hand. Sie hat ohne Kenntnis des Terminkalenders des Richters in den Raum gestellt, er habe aus unsachlichen Motiven heraus keinen Termin im Monat Dezember anberaumt.« Im Endeffekt kostete Sigrun ihr Brief 1.000,55 Euro (1.000 Euro Geldstrafe, 55 Cent für die Briefmarke).

Und was tat Bauer Lindemann? Er kam zu der Erkenntnis, daß fünf Traktoren einer zu wenig sind.

[1] landschaftlich für »Bruder«

[2] landschaftlich für »runter«

[3] landschaftlich für »Führerschein«

[4] lateinisch: aufschiebend

Das Faß ohne Boden

»Ach«, schwärmte Inka ihrem Lebensgefährten Reinhold vor, »ein eigener Garten, das wäre doch etwas Schönes. Wir könnten dort glückliche Tomaten und Gurken züchten, wären viel an der frischen Luft und etwas Bewegung würde dir guttun.«

Reinhold hob den Blick vom Sportteil der Zeitung und

erwiderte sarkastisch: »Ein Garten ist etwas, was verwelkt, wenn man es nicht gießt – und verfault, wenn man es gießt.« Aber im Grunde seines Herzens wußte er, daß Frauen wie Rennwagen sind: Empfindlich, nervös, schwierig zu lenken und noch schwieriger zu bremsen. Und so kam es, wie es kommen mußte. Inka machte sich auf die Suche und fand im September ein günstiges Angebot ganz in der Nähe. Der Garten war 450 Quadratmeter groß und mit einer windschiefen Laube bebaut. Die Eigentümerin Winfrieda, seit drei Jahren Rentnerin, wollte verkaufen. Der Vertrag hätte geschlossen werden können, wenn das Wörtchen wenn nicht wär. Reinhold meinte nämlich seufzend: »Gute Frau, alles ist perfekt. Nur den Preis können wir momentan nicht realisieren. Uns fehlen schlechtweg 10.000 Euro an der Summe.«

Winfrieda kramte die Likörgläser hervor, entkorkte eine Flasche Selbstgebrauten und erwiderte: »Jungchen, nu mach dir ma keenen Kopp. Ick pumpe dir die zehn Riesen, weil de mir sympathisch bist.« Gesagt, getan. Zusätzlich zum Grundstückskaufvertrag wurde ein Darlehensvertrag geschlossen. Darin verpflichtete sich Reinold, den Kredit spätestens in einem Jahr nebst fünf Prozent Zinsen zurückzuzahlen.

So ging die Zeit ins Land. Inka verbrauchte beim Versuch der Zähmung der wild wuchernden Flora ein Paar rotgelber Gummihandschuhe nach dem anderen, und Reinhold stellte beim Reparieren der Laube anhand periodisch auftretender Verletzungen fest, daß er nur über äußerst bescheidene handwerkliche Fähigkeiten verfügte. Unabhängig davon lieferte er zu jedem Monatsanfang bei Winfrieda ein bescheidenes Sümmchen ab und ließ sich den Empfang quittieren.

Im Juli wurden Inkas Bundesschatzbriefe fällig. Sie gab ihrem Lebensgefährten davon 5.400 Euro ab. Reinhold, der mit seinen beiden Freunden Jupp und Sebastian das

Laubendach reparieren wollte, steckte das Geld ein und machte auf dem Weg zum Garten einen kurzen Abstecher bei Winfrieda. Sie bat ihn ins Wohnzimmer, Jupp und Sebastian blieben für den kurzen Augenblick draußen auf dem Flur stehen. Reinhold zog das Geld aus der Hosentasche, Winfrieda zählte nach. »Damit wär'n wir also quitt«, sagte sie gutgelaunt.

»Nur die Quittung fehlt noch«, wandte ihr Besucher ein.

»Aba Jüngelchen, gloobste ick will dir beschuppen? Doch nich die olle Frieda.«

Reinhold ließ es dabei bewenden und ging. Im September erhielt er eine Zahlungsaufforderung von Winfrieda. Es seien noch 5.000 Euro offen. Briefe gingen hin und her. Am Ende landete die Sache vor Gericht. Winfrieda behauptete, an jenem Tag im Juli habe ihr Reinhold lediglich 400 Euro ausgezahlt. Jupp und Sebastian hatten zwar vom Flur aus durch die geöffnete Zimmertür die Geldübergabe beobachten können, aber den genauen Betrag wußten sie nicht zu sagen. Das Gericht fackelte nicht lange. Schwupps wurde Reinhold verurteilt, 5.000 Euro an Winfrieda zu zahlen.

Reinhold legte gegen das Urteil Rechtsmittel ein, aber die Berufung wurde nicht angenommen: »Der Beklagte versucht, seine – zweifellos mögliche – Beweiswürdigung an die Stelle der Beweiswürdigung des Landgerichts zu setzen. Solches reicht nicht aus, solange die Beweiswürdigung des angegriffenen Urteils keinen Rechtsfehler aufweist.«

Reinhold ist seitdem von dem schönen Bewußtsein durchdrungen, in einem Rechtsstaat zu leben: Er hatte die Möglichkeit, sämtliche rechtsstaatlichen Mittel auszuschöpfen. Trotzdem erhielt er noch einmal Post von Winfrieda. Sie schrieb ihm, sie habe im Laufe des Gerichtsverfahrens an depressiver Verstimmung, Schwindel-

und synkopalen Anfällen, Schlafstörungen sowie Angstzuständen leiden müssen. Als Ausgleich dafür forderte sie weitere 5.000 Euro Schmerzensgeld.

In der Not frißt der Teufel Fliegen

Der 45jährige Bauingenieur Hans-Hubert beschloß nach einigen Monaten unerfreulicher Arbeitslosigkeit, sein Glück in die eigenen Hände zu nehmen. Am nächsten Tag hing er in der Kaufhalle einen karierten Zettel an die Pinnwand. Darauf stand: »Maurer und Trockenbauer hat noch Aufträge frei.« Hans-Hubert holte seinen schrottreifen Pritschenwagen aus der Garage, packte reichlich Werkzeug auf die Ladefläche und wartete auf den ersten Anruf.

Der kam schneller als erwartet. Am anderen Ende der Leitung meldete sich der Unternehmer Wilfried: »Ich stelle gerade ein frisches Team zusammen. Wir arbeiten im Akkord, jeden Tag 16 Stunden. Dafür gibt es gutes Geld auf die Kralle. Interessiert?«

Hans-Hubert zögerte nicht lange und heuerte an. Es gab tatsächlich reichlich Arbeit. Nur in der Lohntüte steckten einige Scheine weniger als erhofft. Aber an den ersten Job schloß sich ein zweiter und dann ein dritter an. Schließlich folgte die Festanstellung. Endlich konnte er wieder aufatmen.

Wenig später vergrößerte Wilfried seine Firma. Hans-

Hubert wurde zum Bauleiter befördert. Pünktlich zum Monatsende bekam er 1.100 Euro Gehalt ausgezahlt. Als sich dann der Frühling einstellte, und Wilfried den Zuschlag für ein Großprojekt in einem Wohnpark in reizvoller landschaftlicher Lage zwischen Waldrand und See erhielt, fühlte sich Hans-Hubert zum ersten Mal nach langer Zeit wieder voller Tatendrang.

Einige Wochen lang lief alles richtig gut. Dann gab es beim Auftraggeber Carl ein Problem mit der Zwischenfinanzierung. Wilfried sollte in Vorleistung gehen. Er konnte nicht. Ohne Sicherheiten wollte ihm seine Hausbank keinen kurzfristigen Kontokorrentkredit einräumen. Der Chef bat seine Mitarbeiter um Hilfe: »Wir sitzen doch alle im gleichen Boot.« Hans-Hubert wollte nicht schon wieder untergehen. Er und zwei seiner Kollegen sprangen ein. Die drei Männer bürgten für ihren Chef der Bank gegenüber in Höhe von 100.000 Euro.

Wilfried nahm den Kredit in Anspruch, kaufte für 100.000 Euro Material und ließ es verbauen. Einen Tag vor der Rohbauabnahme meldete Carl Konkurs an. Damit war auch sein Auftragnehmer kaputt. Wilfried mußte sein geliebtes Baugeschäft aufgeben. Er schloß sich in seinem Büro ein und trank eine Woche lang durch. Danach wurde er nur noch sehr selten gesehen.

Die Bank meldete sich deshalb bei Hans-Hubert: »Wir haben das Darlehen gekündigt und nehmen Sie aus dem Bürgschaftsvertrag in Anspruch. In Anbetracht Ihrer wirtschaftlichen Situation begnügen wir uns mit der Zahlung eines Teilbetrages in Höhe von 35.000 Euro.«

Hans-Hubert holte sich das Abschleppseil aus dem Auto, legte einen Abschiedsbrief auf den Küchentisch und ging auf den Dachboden. Glücklicherweise kam seine Frau Marion an diesem Tag etwas früher nach Hause und konnte das Schlimmste verhindern.

Es kam zum Prozeß. Das Gericht war auf der Seite von

Hans-Hubert. Im Urteil hieß es: »Der Bürgschaftsvertrag war sittenwidrig. So wußte die klagende Bank von den ernsten Liquiditätsschwierigkeiten des Hauptschuldners. Auch konnte sie erkennen, daß der finanziell völlig überforderte Beklagte ohne jede Gewinnbeteiligung mit dem Kreditrisiko seines Arbeitgebers belastet wurde. Die einzige Motivation des Arbeitnehmers, die auch für die Bank erkennbar war, war die Sorge um den Arbeitsplatz.«

Doch trotz des guten Ausgangs stimmte das Urteil Hans-Hubert nicht fröhlich. Er pinnte an die Tür der inzwischen geschlossenen Kaufhalle einen Zettel mit der Aufschrift »Maurer und Trockenbauer hat noch Aufträge frei«, holte seinen schrottreifen Pritschenwagen aus der Garage, packte reichlich Werkzeug auf die Ladefläche und wartete auf den nächsten Anruf.

Der Führerschein des Rechtslehrers

Bei Fahrten ins Ausland ist es an vielen Grenzen üblich, daß der Weltenbummler ein Einreiseformular auszufüllen hat. Speziell die Amerikaner wollen es ganz genau wissen. Der geübte Tourist kreuzt in den Spalten »Führen Sie hoch explosiven Industriesprengstoff mit sich? Hatten Sie sexuellen Kontakt mit Nutztieren?« natürlich die Kästchen mit NEIN an. Schwieriger wird es bei der Frage nach der Nationalität. Ein Blick in den Paß oder auf den Personalausweis genügt nicht. Unter Staatsangehörigkeit steht dort nämlich deutsch. Der Reisende wundert sich. Er kommt zwar aus Deutschland. Aber das ist umgangssprachlich. Richtig wäre wohl die Angabe BRDler, denn die korrekte Bezeichnung des Staates lautet BRD.

»Völliger Unsinn«, meint der Reichspräsident der Kommissarischen Regierung des Zweiten Deutschen Reichs: »Die BRD ist am 17. Juli 1990 von den Alliierten aufgelöst worden. Das bedeutet, daß seit dem 18. Juli 1990 wieder die Weimarer Verfassung gültig ist.« Demzufolge leben wir im Zweiten Deutschen Reich.

Wer hier an einen Aprilscherz glaubt, der irrt. Der Reichspräsident und die Kommissarische Regierung des Zweiten Deutschen Reichs existieren tatsächlich. Bei den Vereinten Nationen haben sie beispielsweise eine Sonderbotschafterin des Staates Zweites Deutsches Reich eingesetzt. Darüber hinaus gibt die Kommissarische Regierung außer allen möglichen Verlautbarungen auch eigene Dokumente heraus: Personalausweise, Führerscheine und Pässe. Das einzige Manko besteht darin, daß diese Papiere eine ähnliche Relevanz wie gekaufte Adelspatente und Doktorentitel besitzen.

Womit wir nun beim eigentlichen Thema wären. Bei einer Polizeikontrolle stoppten die Beamten einen Pkw mit dem Nummernschild DR-AO 27. DR steht für »Deutsches Reich«. Die Verblüffung wurde noch größer, als der stark alkoholisierte Fahrer namens Wilhelm seine Papiere vorzeigte. Führerschein und Personalausweis waren beide mit der antiquiert wirkenden Aufschrift »Deutsches Reich« versehen.

Einige Wochen später stand Wilhelm vor Gericht. Die Anklage lautete auf Trunkenheit im Straßenverkehr, Fahren ohne Fahrerlaubnis und Urkundenfälschung. Der Prozeß begann mit einem Eklat. Wilhelm erklärte: »Ich erkenne die Zuständigkeit des Gerichts nicht an, weil der Richter nicht vom Reichsminister für Justiz berufen wurde. Darüber hinaus beantrage ich, daß der hier anwesende Herr Friedrich, seines Zeichens Polizeipräsident und Ministerialbeamter im Auswärtigen Amt der Regierung des Zweiten Deutschen Reichs, als Rechtslehrer meine Verteidigung übernimmt.«

»Was, wie, wo?« fragte der Strafrichter verwundert. Von Herrn Friedrich stammten nämlich die Unterschriften auf dem Führerschein und dem Personalausweis. »Eh, ja, also, das kommt gar nicht in Frage. Ich stelle Ihnen aber einen Pflichtverteidiger.«

Nach einer kurzen Unterbrechung wurde die Verhandlung fortgesetzt. Wilhelm hatte inzwischen seinen in der BRD zugelassenen Anwalt mit der Materie vertraut gemacht. Der Verteidiger erklärte folglich: »Zu Zeiten der Weimarer Republik sind Trunkenheitsfahrten nicht strafbar gewesen. Da nach Meinung meines Mandanten die Weimarer Republik immer noch fortbesteht, ist Deutsches Reichsrecht anzuwenden.«

Dem Richter platzte der Kragen. »Schluß mit dem Unsinn«, rief er. »Dieses staatspolitische Brimborium interessiert mich nicht. In Wahrheit geht es nur darum, daß der Angeklagte besoffen Auto gefahren ist. Und zwar zum wiederholten Mal. Im Januar ist er bereits mit 2,8 Promille erwischt worden.«

Wilhelm wurde zu sechs Monaten ohne Bewährung verurteilt. Traugott, einem Verwandten im Geiste, erging es wesentlich besser. Er war ebenfalls mit einem Führerschein des »Deutschen Reichs« unterwegs gewesen und kassierte dafür eine Geldstrafe von 800 Euro. Das entsprach in etwa acht Reichsmark.

Von fingerfertigen Fahrzeugdieben

Der deutsche Dichter Matthias Claudius (1740-1815) wußte bereits im Jahre 1786 zu sagen: »Wenn jemand eine Reise tut, so kann er was erzählen.« Auch Sigrit, eine selbstbewußte und gut betuchte Geschäftsfrau Mitte Vierzig, unternahm eine Reise, nach deren Ende sie tatsächlich viel zu erzählen hatte. Gemeinsam mit ihrem Freund Dieter, einem sonnengebräunten Lebemann, fuhr sie in einem Wagen der automobilen Oberklasse zuerst nach Frankreich, um dort eine Thalassotherapie zu beginnen. Nach vier Tagen brach sie die Kur ab und überquerte die Westalpen in Richtung Italien. Während eines Abstechers von Turin nach Milano stellte sie den silberfarbenen Pkw in der Nähe der Mailänder Porta Ticinese ab. Als sie nach einem ausgedehnten Einkaufsbummel zurückkehrte, sprangen ihr sofort einige Veränderungen an der edlen Limousine ins Auge. Fingerfertige Fahrzeug-Friemler aus der Lombardei hatten nämlich ihre lange Abwesenheit dazu benutzt, die Alarmanlage zu überlisten, den Kofferraum zu öffnen und das gesamte Gepäck zu entwenden.

Dem Pärchen war die Freude am schönen Leben unter südlicher Sonne gründlich vergangen. Sigrit warf den Motor an und preschte mit Volldampf nach Hause. Dort stellte sie eine Liste der entwendeten Gegenstände zusammen, die sich wie ein Verzeichnis der führenden Designerfirmen Westeuropas las. Summa summarum kam ein Schadensbetrag in Höhe von über 14.000 Euro zusammen. Der bei der Assekuranz für Reisegepäckversicherungen zuständige Mitarbeiter begann wie vom Veitstanz befallen zu zucken, als er den Katalog klangvoller Namen zu lesen bekam. Dies war sowohl der Höhe der Forderung als auch dem Umstand geschuldet, daß Sigrit bereits zweimal zuvor Reisegepäckschäden erleiden mußte, die sich gewaschen hatten. Es gibt Menschen, die vom Pech verfolgt werden.

»Aller guten Dinge sind drei« galt diesmal nicht. Die Versicherung rückte keine einzige Puseratze heraus. Nach einigen vergeblichen Mahnungen reichte Sigrit Klage ein.

Der Richter beäugte mißtrauisch die Papiere und fragte sich verzweifelt, wozu eine einzelne Dame für eine knapp 14tägiges Urlaubsreise die Grundausstattung eines mittleren Warenhauses mit sich führen mußte. Und Wunder über Wunder: Dieter, dem Begleiter in der Not, war noch nicht einmal der Reisekamm, geschweige denn ein Beutelchen mit Unterhosen gestohlen worden.

Der Richter betätigte sich als Kriminalist. »Weshalb haben Sie die Kur in Frankreich abgebrochen?« wollt er wissen.

Sigrit hatte die passende Antwort parat: »Mir ging es gesundheitlich nicht gut. Die Thalassotherapie war mir zu anstrengend.«

»Aha. Ich kombiniere. Trotz schlechten Befindens und großer Hitze haben Sie die Strapaze auf sich genommen, in Mailand einen ausgedehnten Einkaufsbummel auf sich zu nehmen. Zeugen, die den Diebstahl des Reisegepäcks gesehen haben, gibt es nicht. Das Gericht hat ernsthafte Zweifel an der persönlichen Glaubwürdigkeit der Klägerin und ihres Begleiters sowie an der Richtigkeit ihrer Sachverhaltsschilderungen. Die Klage wird abgewiesen.«

In einem anderen Fall hatte ein Sportwagenfahrer den Diebstahl einer kompletten Golfausrüstung aus dem Kofferraum seines roten Flitzers gemeldet. Der Richter nahm einen Zollstock und maß nach: In die Ablage hätte höchstens eine Golftasche für Zwerge gepaßt.

Ehescheidung, Eigentumswohnung, Einbildung

Hausfrau mit Nebenbeschäftigung

Die Ehe ist bekanntlich das teuerste Verfahren, seine Wäsche umsonst gewaschen zu bekommen. Und das dicke Ende kommt sowieso immer erst am Schluß. Als Ricardo und Bianca heirateten, war es für beide der zweite Versuch. Sie mieteten sich ein hübsches Haus im Grünen mit Kamin, Swimmingpool nebst Sauna und hofften darauf, ein Leben in derartigen Annehmlichkeiten sei der beste Kitt für eine langlebige Beziehung. Sie irrten sich. Eines Tages erwischte Bianca ihren Ehemann bei einem Seitensprung. Das klärende Gespräch dauerte ganz genau fünf Minuten. Anschließend packte Bianca ihre Siebensachen und verließ den untreuen Gatten. Nach einigen Wochen bekam Ricardo Post vom Familiengericht. Er wurde zu einem Verhandlungstermin geladen. Bianca forderte Trennungsunterhalt von ihm.

»Euer Ehren«, klagte der Fremdgänger, »mir steht das Wasser bis zum Hals. Das Haus mußte ich aufgeben. Ich hatte Schulden bis unters Dach.«

»Eins nach dem anderen«, sprach der Richter. »Was arbeiten Sie, wie hoch ist Ihr monatliches Einkommen?«

»Ich bin Beamter. Feuerwehrmann, um es ganz genau

zu sagen. Im Monat verdiene ich 2.300 Euro. Davon bleibt nichts übrig. Ich muß Unterhalt für ein Kind zahlen und mehrere Kredite bedienen. Für den Swimmingpool, für eine Einbauküche. Das ist nun alles weg, aber ich stehe in der Kreide. Der feinen Madame ist das egal. Doch kann man einem nackten Mann in die Tasche fassen? Nein!«

»Der Grund ihrer Trennung spielt jetzt keine Rolle«, unterbrach ihn der Richter. »Wieviel verdienen Sie, Frau Bianca?«

»Nichts. Ich habe kein Einkommen. Während der Ehe war ich Hausfrau.«

»Lüge!« schrie Ricardo dazwischen. »Du bist anschaffen gegangen! Du warst Prostituierte!«

»Aber nur, weil du mich dazu gezwungen hast! Irgendwoher mußten wir ja das Geld für die hohe Miete nehmen. Aber es hat mir keinen Spaß gemacht. Deshalb habe ich nach der Trennung sofort damit aufgehört.«

Der Richter notierte etwas auf einem Blatt Papier. »Wieviel Stunden waren Sie wöchentlich im Durchschnitt tätig?«

»Etwa fünf bis sechs.«

»Unsinn!« ereiferte sich Ricardo. »Es waren mindestens acht bis neun.«

»Von mir aus«, gab Bianca zu.

Der Richter hakte nach. »Wie hoch war Ihr durchschnittliches Einkommen?«

»So wie bei einer Tätigkeit auf 640-Mark-Basis.«

»Also sagen wir zirka 300 Euro?«

»So in etwa, ja.« Bianca nickte mit dem Kopf.

Der Richter sah zu Ricardo.

»Von mir aus. Okay. 300 Euro Minimum.«

»Frau Bianca. Auch wenn Sie dieses Einkommen nicht mehr erzielen, muß es als fiktives Einkommen berücksichtigt werden, weil es Ihnen während der gemeinsamen Ehezeit zur Verfügung stand«, erläuterte der Richter. Dann begann er zu rechnen. »Wie hoch sind die Kreditraten? 500 und 300 Euro. Gut ..., obwohl ..., na ja. Also ich komme überschlägig auf eine monatliche Unterhaltsverpflichtung von 350 Euro.«

Ricardo stöhnte. »Dann bin ich völlig pleite und kann mir gar nichts mehr leisten«, wandte er verzweifelt ein.

Der Richter dozierte: »Sie müssen in den sauren Apfel beißen. Ihre Frau braucht auch Geld. Ich kann abziehen, was ich will, es läuft auf knapp 400 Euro hinaus. 350 Euro sind das Minimum. Einverstanden?«

»Einverstanden«, sagte Ricardo widerwillig.

Bianca nickte mit Tränen in den Augen. »Einverstanden. Ich hatte mir mehr erhofft.«

Der Richter lächelte nun zum ersten Mal. »Der beste Vergleich ist der, bei dem beide Seiten glauben, sie seien übervorteilt worden.«

Geteiltes Leid ist doppeltes Leid

Gebhard arbeitete als leitender Angestellter, während seine Gemahlin Rosa das zufriedene Dasein einer Hausfrau in ländlicher Villa genoß. Die beiden waren seit 25 Jahren verheiratet. Gebhard fragte sich manchmal, ob er unter einer Art Gehirnfieber gelitten hatte, als er vor den Traualtar getreten war. Doch noch schien es nicht zu spät zu sein, den Kardinalfehler zu korrigieren. Es galt nur, den richtigen Moment abzupassen.

Gebhards Sternstunde kam, als seine Tante Cynthia starb und ihm ihr Haus hinterließ. »Wir sollten uns trennen«, schlug er seiner Ehehälfte vor.

Rosa schlug zurück. Ein Stück Kaminholz traf die Stirn ihres Gatten: »Nur über meine Leiche«, schrie sie in völliger Verkennung der Umstände. Sie haßte ihn seit Jahren. Wen sollte sie tyrannisieren, wenn er nicht mehr da war?

Gebhard wischte sich das Blut aus dem Gesicht und meinte gefaßt: »Wir verfügen über zwei komplett eingerichtete Häuser. Ich ziehe aus, du bleibst hier. Besser kann man nicht teilen.«

Wie sehr er sich geirrt hatte, wurde ihm einige Tage später klar, als er den ersten Brief von Rosas Anwälten las. »Entweder bekommt unsere Mandantin alles, oder es gibt keine Scheidung.«

Gebhard schrieb zurück: »Geteiltes Leid ist halbes Leid. Mehr als die Hälfte meines Vermögens trete ich nicht ab.«

Einige Monate lang korrespondierten nur die Advokaten miteinander. Dann rief Rosa an: »Wir müssen miteinander reden.«

»Die Narbe am Haaransatz ist noch zu gut zu sehen. Eine zweite will ich nicht haben.«

»Wir treffen uns auf neutralem Boden. Im Café am Bahnhof.«

Gebhard willigte ein und fuhr hin. Rosa machte ihm Vorhaltungen und überschüttete ihn mit einer Flut von Verwünschungen.

Nach zehn Minuten sprang Gebhard wütend auf: »Du widerst mich an. Ab sofort kämpfe ich um jeden Cent. Das Tischtuch ist zerschnitten.« Dann rannte er grußlos aus der Tür. Draußen durchzuckte ihn ein jäher Schreck: Der Parkplatz war leer, sein Auto weg. Der Bestohlene dachte nach, dann kam ihm die Erleuchtung: Rosa hatte ihn in eine Falle gelockt!

Gebhard nahm ein Taxi und fuhr zu Rosas Bruder

Leonhard. Er kletterte über den flachen Jägerzaun und warf einen Blick in die Garage. Dort stand sein Wagen. »Runter von meinem Grundstück, oder ich lasse den Hund von der Kette!« schrie hinter ihm Leonhard.

»Das solltest du lieber lassen«, entgegnete Gebhard mit frostiger Kälte und wies auf sein Handy, »die Polizei wird gleich hier sein.«

Am Nachmittag klingelte es an seiner Gartentür. Rosa stand auf der Straße. »Ich will dich um Verzeihung bitten. Nimm die Strafanzeige zurück«, flehte sie. Gebhard öffnete die Pforte. Peng! knallte das Stück Kaminholz zum zweiten Mal auf seinen Kopf.

Bis zum Scheidungstermin vergingen noch etliche Monate. Die Gerichts- und Anwaltsakten füllten bis dahin mehrere Ordner. Die Kosten schnellten in die Höhe. Beim Verhandlungstermin fiel Gebhard auf, wie dünn und blaß seine Frau geworden war.

»Du kannst dich freuen, du Teufel«, flüsterte sie. »Ich habe Krebs.«

Trotzdem entkorkte Gebhard zu Hause zur Feier des Tages eine Flasche Champagner. »Endlich frei!« rief er aus.

Ein halbes Jahr später starb er an einem Herzinfarkt. Er liegt nun drei Reihen hinter Rosa.

Ludmilla am Pianoforte

»Was dem einen sin Uhl, is dem andern sin Nachtigall.« Diese Erkenntnis mußten auch die Eheleute Alphons und Friedrun machen, nachdem ihre bildhübsche Tochter Ludmilla am Konservatorium angenommen worden war.

Die noblen Eltern spendierten ihrem reizenden Töchterlein Notenblätter, Partituren und ein Pianoforte. An diesem Instrument verbrachte die fleißige Ludmilla von nun an so manche Stunde, um sich in der hohen Kunst des Geräuscheproduzierens zu üben. Diese Kunst zerfällt in zwei Teile, und zwar in einen technischen und einen musikalischen Bereich. Die Technik des Klavierspielens bezweckt, die Finger, Hände, Arme, Gelenke und Muskeln so zu schulen, daß sie sich auf der Klaviatur mit Freiheit und Sicherheit bewegen. Den zweiten und höheren Teil in der Kunst des Klavierspielens bildet jedoch die Beherrschung des Vortrags. Die Leistungsfähigkeit beruht auf allgemeinen menschlichen und künstlerischen Fähigkeiten wie einer angeborenen poetischen Begabung, der Tiefe und Feinheit der Empfindung, der Stärke der Phantasie, der Vornehmheit des Geschmacks, dem guten Charakter sowie der allgemeinen Bildung. Mit anderen Worten: Nicht jeder Trampel ist in der Lage, und wenn er noch so viel übt, ein Virtuose auf diesem Instrument zu werden.

Ludmilla war begabt und fleißig. Sie hämmerte in die Tasten, bis sie qualmten. Ihre Eltern waren zufrieden. Solange ihr holdes Töchterlein an das Instrument gefesselt war, kam sie nicht auf dumme Gedanken. Eine Büste von Ludwig van Beethoven stand oben auf dem Klavier. Der Meister schien mit dem Übungsspiel zufrieden zu sein, denn er verzog keine Miene.

Doch die bösen Nachbarn waren ganz anderer Ansicht. »Musik wird oft nicht schön empfunden, weil sie stets mit Geräusch verbunden«, dichtete Wilhelm Busch bereits

1874 in seiner Bildversfolge »Dideldum«. Die Hausbewohner starteten Klopfattacken mit Besenstielen, zweckentfremdeten das Telefon für Terroranrufe und schoben Zettel mit wirren Botschaften unter der Korridortür durch. Als das alles nichts half, beriefen sie kurzerhand eine Wohnungseigentümerversammlung ein und änderten die Hausordnung durch Mehrheitsbeschluß. Von da an war jegliches Musizieren nach 20 Uhr verboten.

Alphons und Friedrun legten Klage ein: »Die Hausordnung wurde nur geändert, um uns zu terrorisieren. Selbst auf der Straße darf man bis 22 Uhr herumlärmen. Unsere Tochter ist auf die regelmäßigen Übungen in den späten Abendstunden angewiesen, um in ihrer Ausbildung nicht zu versagen.«

Deutsche Sprache, schweres Sprach. Der Beschluß, daß das Musizieren täglich in der Zeit von 20 bis acht Uhr nicht gestattet sei, verbiete keinesfalls das Musizieren, meinten die Richter. In Zimmerlautstärke sei es immer erlaubt. »Die Ruhezeitenregelung nimmt ansonsten auf die Bedürfnisse Berufstätiger Rücksicht. Es liegt auch keine einseitige Benachteiligung vor. Der Wohnungseigentümerbeschluß trifft eine abstrakt gültige Regelung, die nicht einen Eigentümer mehr belastet als den anderen.« Allerdings hatten die Richter vergessen zu erforschen, wieviel weitere Instrumente es in dem Haus gab. Die Klage wurde abgewiesen.

Seitdem übt Ludmilla ab Beginn der Tagesschau mit Kopfhörern an einem nach außen hin stummen elektronischen Klavier. Aus Platzgründen benutzt sie dazu das Musikzimmer. Das ist jener Raum, wo die Stereoanlage der Nachbarn am lautesten zu hören ist.

Rumänische Touristen mit seltsamen Hobbys

Meyers Universallexikon von 1980 wußte unter dem Stichwort Rumänien zu berichten: »Rumänien ist ein souveräner, unabhängiger, sozialistischer Staat, in dem die Macht dem werktätigen Volk gehört.« Nichts davon stimmte, außer dem Namen. Damals lebten in Rumänien 21,8 Millionen Menschen. Zwei Prozent davon gehörten der deutschen Minderheit an.

Seit 1991 ist Rumänien eine Republik. Die Einwohnerzahl stieg auf 22,4 Millionen an, während die Zahl der deutschstämmigen Bevölkerung unter die 0,4 Prozent-Marke fiel. Die Abwanderung der Deutschen hatte ihre hauptsächliche Ursache in der schlechten Wirtschaftslage des Landes: 42 Prozent der Menschen leben heutzutage unterhalb der (rumänischen) Armutsgrenze.

Rumänien war früher ein bevorzugtes Urlaubsland. Heutzutage fahren nur hartgesottene Burschen dorthin, die den Kitzel des Abenteuers suchen – Tendenz steigend. Im Gegenzug kommen aber viel mehr Rumänen nach Deutschland als früher – jedenfalls scheint es so. Jahrelang fielen rumänische Einbrecherbanden heuschreckengleich in Wohnsiedlungen ein und räumten ein Haus nach dem anderen aus. Die Polizei stand dem Phänomen ohnmächtig gegenüber. Erst nachdem sich die Rumänen-Banden-Sonderkommission (Rumba) speziell mit diesem Problem beschäftigte, trat eine spürbare Besserung der Lage ein.

Toma war 25 Jahre alt und stammte aus Alba Iulia, einer transsilvanischen Kleinstadt an der Mures. Bei seinem ersten illegalen Deutschlandbesuch hatte er zunächst eine Vorliebe für Handtaschen entwickelt. Er wurde wegen Raubes festgenommen, verurteilt und nach Rumänien abgeschoben. Der Beutezug hatte sich nicht gelohnt. Die gesamte Sore war konfisziert worden.

Toma dachte nach. Er hatte sich nicht abgesichert, das

war sein Fehler gewesen. Von einigen Tagen »Arbeit« in Deutschland konnte er bequem ein ganzes Jahr lang in Rumänien leben. Es ging also ganz einfach darum, die Aufgaben auf mehrere Schultern zu verteilen.

Toma beschloß, sich auf Wohnungseinbrüche zu verlegen und stellte ein Team zusammen. Er heuerte einen Freund namens Akim zum Pauschalpreis von 750 Euro monatlich an. Akim sollte den Flucht- und Transportwagen fahren und mit einem Walkie Talkie Schmiere stehen. Bronia, eine in Deutschland lebende Bekannte, besorgte die Unterkunft; baldowerte lohnende Objekte aus; sortierte, verpackte und verschickte die Beute an eine Adresse in Rumänien.

Toma zog wie ein wütender Tornado durch eine Einfamilienhausgegend nach der anderen. Straße für Straße arbeitete er sich vorwärts. Das Muster war überall das gleiche: Er bohrte mit einem Akkuschrauber Löcher in Terrassentüren und Fenster, hebelte sie auf und drang ein, ganz egal, ob sich Bewohner im Haus aufhielten oder nicht. Drinnen raffte er in Sekundenschnelle an Schmuck, Wertgegenständen, teurer Kleidung, Brieftaschen und Unterhaltungselektronik zusammen, was er tragen konnte. Dann verschwand er wieder. In zwei Fällen mit dem vor dem Haus geparkten Pkw des Opfers.

Den Erlös der Beute verwendete er für Unterkunft, Verpflegung, Kleidung und Bezahlung der beiden anderen Bandenmitglieder. Den übergroßen Rest der Sachen und des Geldes schickte er nach Hause. Drei Tage, bevor er sein Geschäft schließen wollte, wurde er gestellt.

Das Urteil gegen Toma lautete wegen vielfachen schweren Bandendiebstahls auf eine Freiheitsstrafe von sieben Jahren und sechs Monaten. Hoffentlich wird er nicht wieder abgeschoben – oder wenn, dann direkt in ein rumänisches Gefängnis.

Männer sind anders als Frauen. Sie wollen nicht kuscheln und hören nie zu. Als Iris diese Wahrheiten begriffen hatte, war es längst zu spät. Ihr Lebensgefährte Nils packte seine Sachen und zog zurück zu seiner Mutter.

Die ersten Wochen waren wunderbar. Es gab keine gelben Pfützen mehr vor dem Toilettenbecken. Die einzelnen schwarzen Herrensocken verschwanden aus dem Korb mit der Weißwäsche. Der Spiegel war nicht länger mit angetrocknetem Rasierschaum bespritzt, und unter dem Eßtisch klebten keine ekligen Kaugummis mehr.

Iris genoß ihre Freiheit. Sie sah sich romantische Komödien im Fernsehen an, trank morgens Kräutertee im Bett und telefonierte stundenlang mit ihren Freundinnen. Doch irgendwann begann ihr Nils zu fehlen. Eine gute Bekannte gab ihr den Tip, es mit einem Liebeszauber zu versuchen.

Iris suchte eine Voodoo-Priesterin auf. Die trug Rasta-Zöpfe, ein braunes Batikgewand, Riemchensandalen und mehrere Piercings. Seit einem Besuch in Louisiana nannte sie sich Ortrisha Manbo, hieß aber in Wirklichkeit Ortrud-Manuela. »Ein Liebeszauber ist viel einfacher als ein böser Zauber, bei dem Nadeln in Puppen gestochen werden und dem ungetreuen Galan Schmerzen verursachen. Für einen Liebeszauber muß ich einen Tag vor Vollmond Damb-Allah, den Gott der Schlangen anrufen. Zwei, drei Rituale, und die Sache ist geritzt. Für dich kostet es den Super-Sonderpreis von nur einem Riesen.«

Einbildung ist auch eine Bildung. Iris bezahlte brav ihre 1.000 Euro und wartete. Aber nichts geschah. Stattdessen traf sie Nils mit einer Frau an der Seite, die seine Tochter hätte sein können und offensichtlich in einen Farbtopf gefallen war. Ortrisha Manbo mahnte zur Geduld: »Man darf Damb-Allah nicht drängen, sonst wird er zornig und kehrt seine Macht um.«

Einige Wochen später lernte Iris einen jungen Skandinavier namens Toben kennen und verlor jegliches Interesse an weiteren Liebeszauber-Ritualen. Sie forderte ihr Geld zurück, doch Ortrud-Manuela wollte es behalten: »Ich habe kein Erfolgsversprechen abgegeben.«

Iris reichte Klage ein. Der Richter sprach: »Es spielt keine Rolle, ob die Beklagte einen Erfolg versprochen hat. Ein Liebesritual ist nicht dazu geeignet, einen Menschen aus der Ferne zu beeinflussen. Die versprochene Leistung war objektiv völlig unmöglich. Damit ist die Klägerin von ihrer Zahlungsverpflichtung frei und kann das Geld zurückverlangen.« Iris fuhr mit Toben auf Hochzeitsreise weit weg nach Schloß Gripsholm und entkam auf diese Weise den Nadelpieksereien der rachsüchtigen Ortrisha Manbo.

Das Gericht hingegen sieht schweren Zeiten entgegen. Möglicherweise muß es sich demnächst mit noch ganz anderen Fällen als dem Versagen von Voodoo-Priesterinnen beschäftigen. Der Dresdner Rechtsanwalt Jens Lorek hat sich nämlich jetzt darauf spezialisiert, die Schadensersatzansprüche jener bedauernswerter Menschen zu vertreten, die von Außerirdischen entführt und in deren fliegenden Untertassen zu Experimenten mißbraucht wurden. In Zeitungsanzeigen wirbt er: »Ich bin Deutschlands erster Anwalt für Alien-Opfer.«

Die daraus resultierende Erkenntnis: »Tief in ihrem Herzen sind Männer und Frauen noch immer Kinder. Niemand wird je erwachsen«, hatte der amerikanische Schriftsteller Robert R. McCammon bereits im Jahr 1991.

Erbrecht, Fensterln, Haschisch, Hexen, Hochstapler, Internet

Das Lächeln des weinenden Erben

»Männer sind ein notwendiges Übel, wobei die Betonung mehr auf Übel als auf notwendig liegt«, philosophierte eine gewisse Yvette Collins. Das Urteil über Frauen fällt weniger schlecht aus, jedenfalls das von Marcel Achard. Er hält sie lediglich für »die Rätselecke in Gottes großer Weltzeitung«. Doch daraus folgt auch, daß Frauen manchmal Dinge tun, die kein Mensch versteht, am allerwenigsten sie selbst. In bestimmten Bereichen des Lebens hat es sich deshalb als praktisch erwiesen, rechtzeitig Vorsorge gegen jähe Launen und Stimmungsschwankungen zu treffen. Im Bereich des Erbrechts sorgen die sogenannten Berliner Testamente dafür, daß auch zukünftig alles so bleibt, wie es die Eheleute einmal wollten. Bei einem solchen Ehegattentestament sind die Partner an den gemeinsam formulierten Willen gebunden. Wenn einer von beiden stirbt, kann der andere nichts mehr ändern.

Wilhelm und Ursel hatten einiges zu vererben: Einen großen Bauernhof, Äcker, Wiesen, einen eigenen See und einen hübschen Batzen Geld, der in einer eisernen Truhe verschlossen unter dem Bett lag. Sie setzen ein Berliner Testament auf. Darin war unter anderem die Klausel enthalten, daß die Kinder Leoni, Marieke und René erst nach dem Tode des zweiten Ehepartners erben würden. Sollte ein Kind nach dem Ableben eines Elternteils seinen Pflichtteilsanspruch geltend machen, wäre es automatisch von der weiteren Erbfolge ausgeschlossen.

An einem kalten Novembertag gab es Blitzeis. Wilhelm rutschte aus, als er die Hühner fütterte, und schlug so unglücklich auf dem mit Feldsteinen gepflasterten Hof hin, daß ihm für einen Moment der Atem wegblieb. Er fühlte, daß in seinem Körper etwas zerbrochen war. Ursel fand ihren Mann am Boden liegend und ließ ihn ins Krankenhaus bringen. Die ärztliche Kunst konnte ihm nur sehr begrenzt helfen. Im Frühjahr starb Wilhelm.

Die jüngste Tochter Leoni lebte gerade in Scheidung. Sie benötigte dringend Bargeld. Gleich nach der Beerdigungsfeier nahm sie ihre Mutter beiseite und forderte den Pflichtteil ein. Ursel öffnete seufzend die eiserne Truhe und zahlte Leoni aus.

Einige Jahre später ging es Leoni wirtschaftlich wieder besser und privat ganz ausgezeichnet. Sie lebte in einer festen neuen Beziehung und hatte einiges Geld gespart. Sie löste ein Konto auf und brachte die Banknotenbündel zu ihrer Mutter. »Hier, ich gebe dir den Pflichtteil zurück«, sagte sie. Ursel zählte die Scheine in die Truhe und schrieb auf ein Blatt Papier: »Meine Tochter Leoni ist ein gutes Kind. Sie soll so zu behandeln sein, als ob sie den Pflichtteil niemals geltend gemacht hätte.«

Ein Jahr später war auch für die Bauersfrau die letzte Stunde gekommen. Sie starb im Kreise ihrer Lieben in dem festen Bewußtsein, alles wohl geordnet zu haben.

Aber dem war nicht so. René stellte den gerichtlichen Antrag, seine Schwester Leoni von der Erbfolge auszuschließen. Die Entscheidung fiel trotz des schriftlich geäußerten Willens von Ursel in seinem Sinne aus: »Die

Sanktion der Pflichtteilsklausel, nämlich der Verlust der Schlußerbenstellung, kann durch die Rückzahlung des Pflichtteils nicht mehr rückgängig gemacht werden. Abkömmlinge könnten sonst mit der Möglichkeit spekulieren, zunächst den Pflichtteil zu fordern und nach Jahren durch Rückzahlung noch zu Schlußerben zu werden, wenn sie hierdurch besser stehen.«

Leoni hat nur einen Anspruch auf den Pflichtteil. Zu Erben sind lediglich ihre Schwester Marieke und ihr Bruder geworden. Speziell René gehört zu den Leuten, die ein Lächeln mit Tränen verdecken.

Fünfzigtausend für den Katzenfreund

Ingolf, ein 35jähriger Student der Volkswirtschaft, der seine Seminare hauptsächlich in Kaffeehäusern absolvierte, besaß etwas ganz Wunderbares, das leider höchst selten vorkommt: Er hatte eine schwerreiche Erbtante! Tante Clara war hochbetagt und schon etwas tüttelig, was ihren Neffen zu den schönsten Hoffnungen berechtigte. Ingolf hegte und pflegte deshalb das gute Tantchen, wo immer er nur konnte. Eines Tages geschah dann das Unvermeidliche. Clara stieß ihren letzten Seufzer aus und verschied.

Wie bei Dagobert Duck leuchteten in Ingolfs Augen die Dollarzeichen, als er den Biedermeiersekretär erbrochen und ein notarielles Testament hervorgekramt hatte. »Mein lieber Neffe ist mein alleiniger Erbe. Er bekommt insbesondere das Haus auf dem Lande sowie mein üppiges Sparkonto bei der XYZ-Bank«, stand da geschrieben.

Der Bohemien rieb sich die Hände. »Nie wieder in meinem Leben werde ich vor zwölf Uhr mittags aufstehen«, leistete er einen geheimen Schwur. Doch dann verfinsterte sich seine Miene. Unter den Papieren fand er noch einen Erbvertrag. In ihm stand, daß dem guten Nachbarn Volker, der immer die Katze gefüttert und die frischen Bäckerschrippen mitgebracht hatte, im Falle eines Falles das Konto bei der ABC-Bank zustehen sollte.

Ingolf besuchte seinen früheren Studienkameraden Arnim, der inzwischen Rechtsanwalt geworden war. »Es ist nicht so, daß mich 50.000 Piepen minus an den Bettelstab bringen würden. Aber was geht mich dieser Katzenfreund an? Nichts! Blut ist dicker als Wasser. Ich habe starke Bedenken, ob die Unterschrift meiner Tante unter dem Vertrag überhaupt wirksam ist. Vielleicht wurde ihr das Papier untergeschoben? Oder sie war geistig umnachtet? Sonst hat sie nämlich immer zusätzlich mit ihrem Geburtsnamen unterschrieben. Was soll ich also tun? Strafanzeige erstatten?«

»Nein, du tust nichts, reineweg gar nichts«, riet des Mann des Rechts. »Du bist der Alleinerbe. Die Bank darf das Geld nur mit deiner Zustimmung auszahlen. Die Sache wird sich von ganz allein erledigen.«

Ingolf bedankte sich mit einem warmen Händedruck bei seinem Freund für diesen guten Rat und widersprach der Auszahlung des Geldes an den raffgierigen Nachbarn. Der Direktor der ABC-Bank verhielt sich tatsächlich so, wie der Anwalt vorausgesagt hatte. Er schrieb an Volker: »Sie und Herr Ingolf müssen untereinander klären, wem das Guthaben zusteht.«

Aber Volker wollte nicht klein beigeben. Er verklagte Tante Claras Erben auf dessen Zustimmung zur Auszahlung des Guthabenbetrages. Der Richter warf einen kurzen Blick auf den Erbvertrag und erkannte ihn als rechtsgültig an: »Der fehlende Geburtsname ist kein Indiz für eine Fälschung.«

Ingolf lief blaurot an. Durch das Urteil wurde er verpflichtet, die 50.000 Euro freizugeben. Obendrein mußte er noch rund 10.000 Euro an Gerichts- und Anwaltskosten zahlen. Natürlich tat der ewige Student anschließend das naheliegende: Er verklagte seinen früheren Freund auf Schadensersatz wegen Schlechterfüllung eines Anwaltsvertrages.

Der Advokat wies entrüstet jegliche Verantwortung von sich: »Die Beratung hat quasi zwischen Tür und Angel stattgefunden. Weder bin ich mit dem Fall richtig vertraut gemacht worden, noch habe ich einen einzigen Cent an der Sache verdient.«

Der Richter deutete auf sein Pausenbrot: »Das ist Wurscht! Ein Rechtsanwalt hat grundsätzlich jeden Rechtsirrtum zu vertreten. Er muß sich an der höchstrichterlichen Rechtsprechung orientieren. Es wäre seine Pflicht gewesen, die Klage schon vorprozessual abzuwenden, weil die Rechtsverteidigung mit einem erheblichen Prozeßrisiko verbunden war.«

Rechtsanwalt Arnim wurde dazu verurteilt, die rund 10.000 Euro an Ingolf zu zahlen.

Nach anerkannter Publikumsmeinung rangiert der Beruf eines Rechtsanwaltes unter den zehn beliebtesten Berufen an dritter Stelle. Weshalb eigentlich?

Schnarchstube statt Boudoir

Der 29jährige Elektriker Helmfried hatte an einem Tag im Mai ein Erlebnis der dritten Art. Als er die Straße entlangschlenderte, begegnete ihm die 28jährige Irmtraut, ein engelhaftes Wesen von überwältigender Schönheit. Sie warf ihm lediglich einen kurzen Blick aus ihren verhangenen graugrünen Augen zu. Mehr passierte nicht. Doch dem Flaneur fuhr ein Stich durchs Herz, ihm wurde abwechselnd heiß und kalt, die Beine drohten ihren Dienst zu versagen, und der Schweiß tropfte von seiner Stirn. Mit anderen Worten: Helmfried hatte sich verliebt, und zwar sehr heftig. Den meisten Menschen ist das irgendwann in ihrem Leben schon einmal passiert, und sie erinnern sich später immer wieder gern daran – mit ein wenig Wehmut beim Gedanken an verpaßte Gelegenheiten und vertane Chancen. Denn die Liebe ist bekanntlich nur ein Trick der Natur, um die Art zu erhalten. Sie kommt schnell, und sie geht schnell. »Feuer und Flammen für ein Jahr, Asche für dreißig«, wußte der italienischen Schriftsteller Guiseppe Tomasi di Lampedusa aus eigener Erfahrung zu berichten.

Helmfried ahnte, daß die Chancen für ein zweites Erlebnis dieser Art sehr schlecht standen. Also drehte er auf dem Absatz um und verfolgte die Schöne bis zu ihrer Haus tür. Durch weitere Detektivarbeit konnte er ihren Namen in Erfahrung bringen. Nach einigen Wochen faßte er sich ein Herz: Er sprach die Anmutige mitten auf der Straße an. Doch er traf nicht auf die erhoffte Gegenliebe. Diesmal blitzten ihn die graugrünen Augen wütend an. Eine tiefe, rauchige Stimme sagte: »Verzieh dich, du Wicht!«

Der verschmähte Strippenzieher schluchzte auf und hastete mit rotem Kopf davon. Zu Hause legte er sich ins Bett und war drei Tage krank. Er dachte über das Erlebnis nach. Lag es nicht in der Natur der Frauen, das eine zu sagen und das andere zu meinen?

Als in ihm diese Erkenntnis gereift war, sprang Helmfried mitten in der Nacht aus seiner Matratzengruft und eilte zu dem Haus, in dem die Holdselige wohnte. Morgens früh um vier Uhr drückte der Kabelbändiger ein angekipptes Fenster auf und stieg in die dahinterliegende Wohnung ein. Im Dunkeln konnte er ein Bett erkennen. Zwei tellergroße Augen fixierten ihn hypnotisch. »Schatzilein, hier ist dein Märchenprinz«, flötete der Eindringling.

Ein Schrei ertönte. Die Nachttischlampe flammte auf. Anstelle der süßen Irmtraut lag ein alter, unrasierter Zausel im gestreiften Schlafanzug im Bett.

Helmfried hatte sich in der Wohnung geirrt. Statt im Boudoir seiner Traumfrau war er in der Schnarchstube ihres Nachbarn gelandet. Der Spannungsprüfer zog eine Zündplättchenpistole aus der Tasche, fuchtelte damit herum und rannte hinaus. Diesmal benutzte er die Wohnungstür.

Der verschmähte Verehrer wurde gestellt und kam vor Gericht. Wegen Hausfriedensbruch (Einsteigen in die fremde Wohnung), Sachbeschädigung (der Schaden am Fenster betrug rund 100 Euro) und Bedrohung (mit der Pistole) wurde er zu einer Geldstrafe in Höhe von 1.750 Euro verurteilt.

Am Ende der Verhandlung gab ihm der Richter noch gute Ratschläge für das weitere Leben: »Anders wäre es beim herkömmlichen, in bestimmten Landstrichen verbreiteten 'Fensterln' gewesen. Allerdings nur, wenn dieser Sonderweg, mit bestimmten Hausbewohnern in Kontakt zu treten und eine persönliche Aussprache zu suchen, dem ausdrücklichen oder zumindest dem mutmaßliche Willen der Berechtigten entsprochen hätte.

Berechtigt in diesem Sinne ist der jeweilige Inhaber des Hausrechts, also derjenige, dem die Verfügungsgewalt über die Wohnung zusteht. Das muß nicht unbedingt der

Hauseigentümer sein. Hausrechts-Inhaber kann zum Beispiel der Mieter sein. Alles klar?«

»Alles klar, Euer Ehren«, antwortete Helmfried demütig.

Von der Religionsfreiheit

Rastafari ist eine Religion, die im frühen 20. Jahrhundert unter der afrikanischen Bevölkerung Jamaikas entstand. Die Anhänger sind davon überzeugt, Nachkommen der verlorenen israelitischen Stämme zu sein. Ihre Erlösung wird kommen, so glauben sie, wenn Gott Jah einen Zug in die Heimat Afrika anführt, dem Himmel auf Erden, wo sich dann endlich die weiße Minderheit der schwarzen Mehrheit unterordnen muß.

Von Jamaika aus verbreitete sich die Rastafari-Religion auf der ganzen Welt. Die Anhängerschaft liegt bei etwa fünf Millionen. Sie ist an ihrer Haartracht – Rasta-Zöpfen oder Dreadlocks genannte verfilzte Haarsträhnen – und häufig getragene Strickmützen in den Farben der äthiopischen Flagge Rot, Gold und Grün zu erkennen. Viele Rastafari sind Vegetarier und Antialkoholiker. Statt dessen rauchen sie Haschisch zur Bewußtseinserweiterung.

Der 25jährige Carsten war käseweiß, und sein schulterlanges Haupthaar glänzt golden wie im Märchen. Trotzdem fühlte er sich als echter schwarzer Rastafari. Er dunkelte seine Matte mit Henna nach, flocht eine grellbunte Strickmütze hinein, ließ sich einen Fusselbart wachsen und nannte sich fortan Bob nach dem berühmten Reggae-Sänger Bob Marley. Er betete Ras Tafaris, den früheren äthiopischen Kaiser Haile Selassie I. als Gott an und hämmerte von morgens bis abends mit Knüppeln auf leeren Ölfässern herum. Das Haschisch zum Meditieren besorgte er sich auf Fahrten nach Amsterdam. Aber diese Einkaufstouren waren zeitraubend, teuer und gefährlich, weil der Zoll vor allem Rastafari-Leute auf dem Kieker hatte.

Anders als in anderen Staaten ist Haschisch oder Marihuana in Deutschland als sogenannte weiche Einstiegsdroge verboten, obwohl es bei weitem nicht so gefährlich ist wie Alkohol oder Nikotin und außerdem krampflösend wirkt, Tumorzellen abtötet sowie chronische Schmerzen lindert.

Eines Tages las Carsten-Bob, daß im Artikel 4 vom Grundgesetz der BRD ein Recht auf freie Religionsausübung verankert ist. Es beinhaltet die Freiheit und das Recht jedes Menschen, ungehindert von staatlichen oder sonstigen Beschränkungen seine religiösen, weltanschaulichen und sittlich-moralischen Überzeugungen zu bilden und nach ihnen zu leben beziehungsweise die dazugehörigen religiösen Riten und Kulthandlungen in vollem Umfang auszuüben.

»Ich gehöre der Religionsgemeinschaft der Rastafaris an, für die das Rauchen von Haschisch eine wichtige rituelle Betätigung ist«, argumentierte Bob und versuchte auf dem Gerichtsweg eine Ausnahmegenehmigung zum Anbau von Hanf zu erlangen.

Die Richter lehnten seinen Antrag ab: »Ausnahmeregelungen gibt es nur, wenn der Anbau von sogenanntem Indischem Hanf mit einem hohen Gehalt des psychoaktiven Wirkstoffes Tetrahydrocannabiol (THC) wissenschaftlichen Zwecken oder anderen öffentlichen Interessen dient.

Das Recht auf Religionsfreiheit ist zwar von dem Verbot betroffen, aber in diesem Konflikt überwiegt das allgemeine Interesse am Verbot von Betäubungsmitteln.«

Bob wird sich weiter mit der BahnCard in der Tasche auf die Strümpfe machen müssen. »Haschisch ist die einzige Grassorte, die den Gärtner umsenst, und nicht umgekehrt«, sagt er sich zum Trost.

Knusper, knusper, Knäuschen

Eines Tages hörte die 28jährige Samantha lautes Vogelgezänk in ihrem Garten. Sie ging ans Fenster und sah zwei spektakelnde Raben auf der Wiese unter dem Apfelbaum umherhüpfen. Die Mutter von drei Kindern widmete sich wieder ihren häuslichen Pflichten, aber die Krakeelerei wollte nicht aufhören. Nach zwei Stunden schließlich trat Samantha vor die Tür, um nachzuschauen, worüber sich die Vögel so intensiv aufregten. Gleich darauf erkannte sie den Grund: Ein noch fast nacktes Junges war aus dem Nest gefallen.

Sobald die Raben die junge Frau erblickten, suchten sie krächzend das Weite. Samantha setzte sie sich auf die Gartenbank am Brunnen. Von dort hatte sie das Vögelchen im Blick und konnte es beschützen. Ganz allein am Boden wäre es dem sicheren Untergang geweiht. Die nächste vorbeistreunende Katze würde ihm den Garaus machen. Doch die Rabeneltern kehrten nicht zurück.

Schließlich hob Samantha den kleinen Vogel auf und nahm ihn mit ins Haus. Sie holte einen alten Bauer vom Dachboden und bastelte aus einer alten Wollsocke ein warmes Nest. Der junge Rabe wurde auf den Namen »Odin« getauft und mit Katzenfutter versorgt.

Odin überlebte und gedieh prächtig. Ihm wuchsen Federn und er machte erste Flugversuche. Zwischendurch nahm er immer wieder auf der Schulter seiner Pflegemutter Platz und ließ sich von ihr durch Haus und Garten tragen. Ingolf, Samanthas Mann, machte zahlreiche Fotos von seiner Frau und Odin. »Mit dem Raben auf der Schulter siehst du aus wie die Hexe im Märchen von Hänsel und Gretel. Knusper, knusper, Knäuschen ...«

Samantha fand diesen Vergleich sehr lustig und gestaltete eine Internetseite. Dort veröffentlichte sie ihre »Hexenfotos« und verschiedene Rezepte aus der »Kräuterhexen-Apotheke«. Dem Arbeitgeber der Hobby-Hexe gefiel das ganz und gar nicht. Bei ihm handelte es sich nämlich um die katholische Kirche. Samantha arbeitete als Hausmeisterin im katholischen Kindergarten ihres Heimatdorfes. Im Auftrag des Pfarrers erhielt sie ein anwaltliches Abmahnungsschreiben. Darin stand, daß sie sich nicht weiterhin öffentlich als Hexe bezeichnen dürfte. Am Ende hieß es: »Im übrigen weisen wir darauf hin, daß die Aufrechterhaltung der Website zur Auflösung des Dienstvertrages führen kann. Wir fordern Sie daher auf, die beigefügte strafbewehrte Unterlassungserklärung zu unterzeichnen.«

Samantha wollte das nicht hinnehmen und klagte vor dem Arbeitsgericht. In der Güteverhandlung erläuterte der Richter sehr nachdrücklich, was er von dieser modernen Variante der Hexenverfolgung hielt. Mit Erfolg. Die Abmahnung wurde ersatzlos aus der Personalakte entfernt. Samantha darf sich auf ihrer Internetseite weiterhin als Hexe bezeichnen. Im Gegenzug verpflichtete sie sich dazu, für ihre Fotos nicht vor kirchlichen Gebäuden zu posieren.

Aber es gibt auch andere Urteile. Das Finanzgericht München entschied: »Ein Arbeitgeber kann nicht von der Abführung von Kirchenlohnsteuer für seine Arbeitnehmer im Hinblick darauf befreit werden, daß eine Vorfahrin von ihm in Jahre 1644 als Hexe auf dem Scheiterhaufen verbrannt wurde.«

Willkommen im Klub der Hochstapler!

Francine war weit über Dreißig, konnte aber bei Gegenlicht und Sonnenuntergang gut und gerne als Endzwanzigerin durchgehen. Sie hatte pechschwarze Haare, dunkelbraune melancholische Augen und eine Figur, deren Anblick selbst Pensionäre am Krückstock zu bewunderndem Schnalzen veranlaßte. Francine war klug, belesen und gebildet. Wahlweise bezeichnete sie sich als Dr. jur., als Immobilienmaklerin oder als Großnichte dritten Grades des letzten deutschen Kaisers. Manchmal konnte sie aber auch (wie sie sagte) sehr blond sein, und zwar immer dann, wenn sie auf Herren traf, die dies und nichts anderes von einer dekorativen Begleiterin erwarteten.

Francine war so etwas wie das weibliche Gegenstück zum hochstapelnden Postboten Gert Postel, der am Höhepunkt seiner Karriere als Oberarzt im Sächsischen Krankenhaus Zschadraß eingestellt worden war. Doch im Gegensatz zum Postillion Dr. Dr. med. Bartholdy mied Francine das Licht der Öffentlichkeit. Sie zog quer durch Europa und unterwegs vermögende, gelangweilte Männer der High Society quer über den Tisch.

Doch niemand ist vollkommen. Francine log leidenschaftlich gern und häufig völlig grundlos. Lügen erfordern jedoch ein sehr gutes Gedächtnis. Immer öfter fing sich Francine in ihrem eigenen Netz, was dann überstürzte Abreisen aus Hotels, Appartements und Klubs zur Folge hatte. Manche der betrogenen Liebhaber waren nachtragend – nicht wegen des verlorenen Geldes, sondern wegen der angekratzten Ehre. Eines Tages fand sich die junge Dame vor dem Richterstuhl wieder.

Nur die Spitze des Eisberges kam zur Sprache. Die Anklage lautete auf Betrug sowie versuchten Betrug in 30 Fällen. Da Francine aber schon einschlägig vorbestraft war, half ihr auch der beste Anwalt nichts mehr. Ihr Strafverteidiger Dr.jur.Trautmann wedelte theatralisch mit der Robe. Vergebens, das Urteil lautete auf zwei Jahre und sechs Monate ohne Bewährung. Demütig, mit gesenktem Kopf, nahm die ertappte Hochstaplerin den Richterspruch an. Rumms, krachte die Zellentür hinter ihr ins Schloß.

Francine ließ alle Hoffnung fahren. Eines Tages besuchte sie ein anderer Rechtsanwalt. Er besaß weder einen Doktortitel, noch einen klangvollen Namen. Bruno war noch sehr jung, sehr dünn und trug ausgetretene Schuhe. Aber er hatte einen Plan: »Gnädige Frau, Sie sind einem Hochstapler aufgesessen. Ihrem Strafverteidiger Dr. jur. Trautmann war wegen Vermögensverfalls die Zulassung als Anwalt entzogen worden. Er hätte nicht vor Gericht auftreten dürfen. Wir beantragen Wiedereinsetzung in den vorigen Stand.«

»Und dann bin ich frei?«

Rechtsanwalt Bruno lächelte: »Nein, nicht sofort, aber ein gutes Stück auf dem Weg dorthin.«

Das Wiedereinsetzungsgesuch hatte Erfolg. Das Gericht meinte: »Der Angeklagten fehlte die rechtsstaatlich unverzichtbare Rechtsberatung. Infolge dieses gravierenden, gemessen an den Anforderungen an ein faires Verfahren nicht hinnehmbaren Einschränkung der Verteidigungsrechte der Angeklagten muß ihr Rechtsmittelverzicht als von Anfang an unwirksam gewertet werden. Die Mitwirkung eines nicht als Rechtsanwalt zugelassenen Scheinverteidigers begründet den absoluten Revisionsgrund.«

Vielleicht begegnet Francine auf ihrem Weg nach draußen Dr. jur. Trautmann auf seinem Weg nach drinnen.

Brummende DVD-Stereoanlagen und Negativsparer

Arno war ein sparsamer Mensch. Bevor er einen Cent ausgab, drehte er ihn dreimal um. Aus diesem Grund surfte er häufig im Internet, stöberte in unzähligen virtuellen Geschäften, stellte Preisvergleiche an und bewegte sich damit auf einer, fand er, idealen Linie zwischen Geiz und Verschwendung.

Eines Tages öffnete Arno auf seinem Computerbildschirm die Ladentür zu »Silkes Medien-Shop« (sinnbildlich gesprochen) und kam aus dem Staunen nicht mehr heraus. Da gab es die tollsten Dinge für ganz wenig Geld. Arno zögerte nicht lange und bestellte sich sofort die DVD-Stereoanlage »MZ 125« mit integriertem GPRS-Modulator, Super Hybrid Steady Shot und digitalem

Sleeptimer. Die Lieferung erfolgte prompt und wunschgemäß auf Rechnung. Der Preis war kleiner als die sieben Zwerge. Arno überwies sofort den geforderten Betrag nebst einer Versandkostenpauschale in Höhe von 20 Euro. Dann schloß er die DVD-Stereoanlage an seinen Fernsehapparat an. Die Lautsprecher funktionierten. Das hörte er sofort, den sie strahlten einen tiefen Brummton aus. Der Wellensittich Fritz in der Küche beantwortete diese Geräuschattacke mit aggressivem Kreischen.

Arno rief die Service-Hotline an. Ein gebrochen deutsch sprechender Mensch empfahl ihm: »Schilmen Sie den Elektlokabel ab.« Drei Stunden später gab Arno entnervt auf und zog den Stecker aus der Dose. Das Brummen hörte schlagartig auf. Wellensittich Fritz ließ einen erleichterten Seufzer hören.

Arno reklamierte den Fehler bei der Firma SMS. Inhaberin Silke bedauerte den Vorfall außerordentlich. »Wir wünschen uns zufriedene Kunden. Deshalb lautet mein Vorschlag zur Güte folgendermaßen: Sie senden mir die ›MZ 125‹ zurück und bekommen von mir als Ausgleich zum selben Preis die wesentlich hochwertigere Anlage ›TS 250‹ geschickt. Sie verfügt über dieselben Parameter wie die ›MZ 125‹, hat aber außerdem noch einen Bluetooth-Innendisplay sowie einen Pro Logic Frequenzgang.«

Arno stimmte begeistert zu und rieb sich die Hände. Drei Tage nach der Rücksendung der ersten Anlage traf die zweite bei ihm ein. Arno drückte auf den On-Schalter. Es brummte noch lauter als beim vorigen Mal. Fritz schimpfte beleidigt.

Arno hatte den Kanal nun endgültig voll. »Spare in der Zeit, dann hast du immer Not«, murmelte er wütend, rief in der SMS-Firma an und erklärte seinen Rücktritt vom Vertrag. Silke stimmte zu und erstattete ihm auch anstandslos den vollen Kaufpreis zurück. Lediglich die Versandkostenpauschale in Höhe von 20 Euro wollte sie nicht wieder herausrücken. »Das Geld ist verbraucht«, antwortete sie nach mehreren Mahnungen.

Arno beschloß, mit dem Schinken nach der Wurst zu werfen, im übertragenen Sinne. Er ging zum Anwalt, zahlte einen ordentlichen Vorschuß ein und ließ Klage einreichen. »Die SMS-Firma versucht ihren Kunden minderwertigen Schund anzudrehen und vertraut auf die Konfliktscheu der Leute. Da ist sie bei mir auf dem falschen Dampfer.«

Beim Richter war sie es auch. Er urteilte: »Die Versandkosten sind durch den berechtigten Rücktritt des Klägers nutzlos geworden und als Aufwendungen im Sinne von § 284 BGB durch die Beklagte zu erstatten.«

Die SMS-Firma muß nun nicht nur die 20 Euro zahlen, sie hat außerdem rund 160 Euro an Gerichts- und Anwaltskosten zu erstatten. Silke gehört in diesem Fall zu den Negativsparern – das sind Leute, die mehr ausgeben, als sie verdienen.

Kartenmißbrauch, Kinder

Kollege Blech mit Spendierhosen

Severin war ein junger Mann Ende Zwanzig, der extrem gut aussah, über eine beispiellose Intelligenz verfügte und auf so gut wie jede Frage eine Antwort wußte. Jedoch ist die Welt – wie wir wissen – ungerecht. Vom Schicksal vernachlässigte Mitmenschen mit Bierbäuchen und Halbglatzen, die ihr trauriges Dasein als Lehrmeister oder Chefs fristeten, legten Severins Gottesgaben als Besserwisserei aus, bezeichneten ihn als arbeitsscheuen Sprücheklopfer und kullerten ihm einen Stein nach dem anderen in den Weg.

Gemessen an seinen Fähigkeiten hätte Severin längst Vorstandssprecher einer international agierenden Aktiengesellschaft sein müssen, der über einen sechs Meter langen Dienstwagen, ein siebenstelliges Jahressalär und acht maßgeschneiderte Anzüge verfügte. Stattdessen fuhr er in ausgewaschenen Jeans mit dem Fahrrad zur Agentur für Arbeit. Unterwegs kam er an einer Bankfiliale vorbei, in deren Vorraum ein Geldautomat stand.

Severin brauchte dringend Geld, aber es gab ein Problem. Sein Konto wies eine notorische Unterdeckung jenseits der Schmerzgrenze auf. Der Überziehungskredit vom

Überziehungskredit war bis auf den letzten Cent ausgequetscht. Trotzdem hielt der Radler an. Möglicherweise hatte ihm Oma die erbetene einmalige Unterstützung überwiesen. Severin steckte seine EC-Karte in den Schlitz vom Kollegen Blech, gab die Geheimzahl ein und tippte versuchshalber 20 Euro. Aber, wie das Leben manchmal so spielt: Er war unkonzentriert. Aus der 20 wurde eine 2.000. Der junge Mann drückte auf die grüne Bestätigungstaste. Eine Weile passierte gar nichts. Dann rappelte es plötzlich in der Kiste. 2.000 Piepen purzelten in das Ausgabefach.

Severin erstarrte zur Salzsäule und äugte vorsichtig über die Schulter, ob da irgendwo ein Spaßvogel mit einer versteckten Kamera auf ihn lauerte. Jedoch die Luft war rein. Severin krallte sich die Kohle, flitzte aus dem Vorraum, sprang auf seinen Drahtesel und raste davon. In seinem Kopf schlugen die Gedanken Purzelbaum. Zwei Dinge waren total falsch gelaufen. Zum einen hätte er niemals soviel Geld bekommen dürfen, zum anderen war der Höchstauszahlbetrag weit überschritten.

Fünf Querstraßen weiter faßte Severin einen folgenschweren Entschluß. Er wendete, fuhr zurück und unternahm einen weiteren Versuch. Der Automat zahlte anstandslos erneut 2.000 Euro aus und bedankte sich höflich für den Besuch. Jetzt gab es kein Halten mehr. Sebastian stürmte zum nächsten Laden und kaufte sich eine Reisetasche. Dann tippte er Zahlen, bis seine Finger wund waren. Innerhalb von vier Tagen erleichterte er den Geldautomaten um ganz genau 79.750 Euro. Erst dann war Schluß.

Die folgenden Wochen bis zu seiner Festnahme lebte Severin wie ein König. Doch das Urteil im späteren Strafverfahren lautete überraschenderweise auf Freispruch. »Strafbarer Mißbrauch einer EC-Karte setzt voraus, daß ein Unberechtigter die Karte einsetzt. Der Fall, daß der

Inhaber seine Karte im Zusammenhang mit einem technischen Fehler mißbräuchlich benutzt, ist davon nicht erfaßt«, befanden die Richter.

Die Bank reagierte ganz pragmatisch. Sie setzte den Rahmen für Severins Kontokorrentkredit auf 80.000 Euro herauf. Zu welchem Zinssatz ist nicht bekannt.

Die Lehre vom elften Zehntel

Das Bürgerliche Gesetzbuch (BGB) gilt als das wichtigste Gesetzeswerk in unserem Land. Aber es ist nicht mehr taufrisch, denn es erschien am 18. August 1896. Das geschah fünf Jahre nach dem ersten Gleitflug Otto Lilienthals; drei Jahre, nachdem ein mit Benzin betriebenes Auto zur Jungfernfahrt startete; und 22 Jahre, bevor Kaiser Wilhelm abdanken mußte. 1896 war von DVD-Playern, Chat-Rooms und WAP-fähigen Handys noch nicht einmal die Rede. Trotzdem erhebt das BGB den hehren Anspruch, jeden nur erdenklichen Lebenssachverhalt im bürgerlichen Leben von A (wie Aalräucherei) bis Z (wie Zylinderstifte) regeln zu wollen – und selbstverständlich auch zu können.

Ab und an wurde das BGB grundlegend reformiert. Beispielsweise wird der Text inzwischen nicht mehr in Fraktur (der sogenannten deutschen Schrift) gedruckt, und die Gerichtsprotokollanten pinseln ihre Mitschriften nicht länger in Sütterlin. Außerdem wurde der Paragraph 6 BGB ersatzlos gestrichen, in dem es hieß: »Entmündigt kann werden, wer durch Verschwendung sich oder seine Familie der Gefahr des Nothstandes aussetzt oder wer in Folge von Trunksucht seine Angelegenheiten nicht zu besorgen vermag.« Weshalb wurde dieser Paragraph überflüssig? Ganz klar, weil es – jedenfalls nach Ansicht des Gesetzgebers – in unserer heutigen modernen Gesellschaft keine Verschwender und Trunksüchtige mehr gibt.

Einige andere Paragraphen wurden von Postkutschen, Dampfschiffen sowie Pferdefuhrwerken entrümpelt und behutsam modifiziert, wie beispielsweise der § 828 II BGB, in dem es neuerdings heißt: »Wer das siebente, aber nicht das zehnte Lebensjahr vollendet hat, ist für den Schaden, den er bei einem Unfall mit einem Kraftfahrzeug ... einem anderen zufügt, nicht verantwortlich.«

Lukas war neun Jahre alt und beim morgendlichen Schrippenholen volle Banane mit seinem Mountain Bike gegen den Lieferwagen von Landbäckermeister Dietfried geknallt. Das weiße Blech des Transporters hatte sich großflächig nach innen verformt und wurde überdies von einem langen Kratzer verunstaltet. Dietfried war wutentbrannt aus seiner Backstube gesaust und hatte den Übeltäter am Schlafittchen gepackt.

Am nächsten Tag wendete sich das Blatt. Die Eltern von Lukas lehnten unter Hinweis auf § 828 II BGB jegliche Haftung ab. Doch der erzürnte Teigkneter wollte den Schaden keinesfalls allein tragen. Die ständig steigenden Mehlpreise setzten ihm schon genug zu. Er reichte Klage ein. Zu seiner größten Freude interpretierte der Richter den § 828 II BGB ganz anders als die Eltern von Lukas: »Der Anwendungsbereich dieser Neuregelung zur Deliktsfähigkeit beschränkt sich darauf, daß es sich um eine typischerweise von einem Kfz ausgehende Gefahr gehandelt haben muß. Da sich eine solche spezifische Gefahr bei dem Zusammenstoß mit dem ordnungsgemäß geparkten Fahrzeug des Klägers nicht verwirklicht hat, haftet der Beklagte.«

Es reicht also bei weitem nicht aus, die Worte zu kennen. Man muß darüber hinaus wissen, was sie bedeuten. Nicht umsonst wird die Rechtswissenschaft ja auch die »Lehre vom elften Zehntel« genannt.

Verbannung für den Schläger

Phil war ein Serientäter. Er liebte die rohe Gewalt. Wo andere Menschen nach verbalen Argumenten suchten, ließ er die Fäuste sprechen. Seine bevorzugten Opfer entstammten dem anderen Geschlecht. Beispielsweise versetzte er der blonden Corinna einen Kinnhaken, weil sie angeblich über ihn gelacht hatte. Sie fiel in das Land der Träume und wachte mit einer zerbissenen Zunge und einem abgesplittertem Vorderzahn wieder auf.

Zur hübschen Lucy meinte Phil: »Gib mal 'ne Lulle.« Als sie sich weigerte, bekam sie ohne Vorwarnung einen Schlag in die Magengrube. Ihr Frühstück lag danach auf dem Betonweg.

Doch meistens erhielt Phil widerspruchslos, was er verlangte. Eine Fahrradkette in der Linken und ein Messer in der Rechten waren ihm dabei wichtige Argumentationshilfen. Doch der Krug geht so lange zum Brunnen, bis er bricht. An einem Tag im Mai hatte der Spaß ein Ende. Jedenfalls vorübergehend. Der Schulleiter ordnete an, daß der 12jährige Phil (nicht mehr und nicht weniger Lenze zählte nämlich der rabiate Racker) für zwei Tage vom Unterricht ausgeschlossen werden sollte. Die Begründung lautete: Der Schüler hat durch schweres und wiederholtes Fehlverhalten Pflichten verletzt sowie die Rechte anderer gefährdet.

Der konkrete Anlaß für die disziplinarische Maßnahme war ein schwerwiegender Vorfall gewesen. Der brutale Bube hatte einem Mitschüler angedroht, ihn zu schlagen, bis Blut fließt. Weder sein potentielles Opfer noch die Lehrer zweifelten eine Sekunde lang an der Ernsthaftigkeit dieser Drohung.

Aber Phil besaß auch Verbündete, nämlich seine Eltern. Vielleicht hatten sie auch nur Angst vor ihm. Auf jeden Fall legten sie gegen den Unterrichtsausschluß Widerspruch ein und stellten einen Eilantrag dahingehend, daß der Vollzug der Maßnahme bis zu einer abschließenden Gerichtsentscheidung ausgesetzt werden soll.

Die Richter lehnten es ab, diesem Ansinnen zu folgen: »Droht ein Kind einem Mitschüler Gewalt an, ist ein zeitlich befristeter Ausschluß vom Unterricht möglich. Da weder Gespräche mit dem 12jährigen und seinen Eltern noch Strafarbeiten und Nachsitzen eine Wirkung gezeigt haben, war von einer objektiven Gefährdung auszugehen.«

Leider vergaß das Gericht, den Sinn der Strafe überhaupt zu hinterfragen. Bei aller Liebe zur Freundschaft erscheint es doch äußerst unwahrscheinlich, daß das muntere Bürschlein nach zwei Tagen Verbannung als geläutertes Unschuldslämmchen in den Kreis seiner Mitschüler zurückkehrt.

Nächtlicher Treppensturz

An einem Sonnabend gegen 23 Uhr wurde der neunjährige Laurens durch ein lautes Geräusch auf dem Flur wach. Er richtete sich im Bett auf und lauschte. Von draußen erklang ein leises Wimmern. Der Junge faßte sich ein Herz, stand auf und schlich hinaus, um nachsehen. Auf dem Treppenabsatz lag zusammengekrümmt seine 14jährige Schwester Gesche. Sie war nicht mehr ansprechbar. Laurens verfiel nicht in Panik, sondern ging zum Telefon und wählte die Handynummer seines Vaters. Die Eltern waren bei einer befreundeten Familie in der Nachbarschaft zu Besuch. Zehn Minuten später trafen sie zu Hause ein. Gérard, der Vater, verständigte sofort den medizinischen Notdienst.

Gesche wurde mit Blaulicht ins Krankenhaus gebracht. In der Notaufnahme stellten die Ärzte eine Milzruptur fest: Durch eine gegen den Bauch des Mädchens gerichtete stumpfe Gewalteinwirkung war ein irreparabler Milzriß entstanden. Es mußte eine sofortige Splenektomie, also eine operative Milzentfernung, vorgenommen werden.

Einige Tage nach der Operation erhielt Gesche Besuch von ihrer Freundin Nanni. »Was ist denn eigentlich passiert?« wollte diese wissen.

Gesche beugte sich vor und flüsterte: »Was ich dir jetzt erzähle, darfst du niemandem verraten. Mein Leben steht auf dem Spiel, denn mein Vater ist ein brutales Schwein. Er verprügelt mich grundlos jeden Tag. An jenem Abend hat er mir einen Boxhieb in den Magen verpaßt. Offiziell soll ich aber so tun, als sei ich die Treppe hinuntergestürzt.«

Nanni hielt sich nicht an das ihr auferlegte Schweigegelübde, sondern berichtete ihrer Mutter Ursula von dem Gespräch mit Gesche. Ursula wiederum arbeitete im Jugendamt. Gleich am nächsten Morgen erstattete sie ihrem

Dienstvorgesetzten Bericht. Dieser beantragte beim zuständigen Familiengericht einen Eilantrag: Gesches Eltern sollte sofort das Sorgerecht entzogen werden.

In der mündlichen Verhandlung sagte Gesche aus, sie könne sich nicht mehr daran erinnern, wie es zu dem Treppensturz gekommen sei. Ein Sachverständiger bezeichnete diesen Gedächtnisverlust als einen ganz normalen Verdrängungsmechanismus des Körpers in Folge eines postoperativen Traumas. Der Richter entschied, daß das Mädchen vorübergehend in einem Heim untergebracht werden sollte. Den Eltern wurde bis zum Erlaß einer abschließenden Entscheidung jegliche Kontaktaufnahme untersagt.

Gérard legte Rechtsmittel ein, aber bis zum Verhandlungstermin verging ein dreiviertel Jahr. In dieser Zeit wohnte Gesche mit anderen Jugendlichen zusammen in einer Vierraumwohnung. Die zuständige Betreuerin nahm ihre Aufgaben nicht allzu ernst. Gesche entwickelte sich zur Schulschwänzerin und fiel in ihren Unterrichtsleistungen rapide ab.

In der Verhandlung vor dem Oberlandesgericht stellten die Richter verwundert fest, daß es keine einzige protokollarisch festgehaltene Aussage von Gesche gab, in der sie ihren Vater belastete. Die Eltern konnten anhand der Zeugenaussagen ihrer Bekannten beweisen, daß sie sich zum Zeitpunkt des Treppensturzes ihrer Tochter nicht im Haus aufgehalten hatten. Der medizinische Gutachter drückte sich recht schwammig aus, schloß aber nicht aus, daß die Verletzungen auch durch den Aufprall auf die Kante einer Treppenstufe verursacht worden sein konnten.

Am Ende der Verhandlung faßte der Richter das Ergebnis zusammen: »Es hat den Anschein, daß Gesches dramatische Schilderung der Verletzungsursache gegenüber ihrer Freundin Nanni lediglich auf der lebhaften Phantasie eines Teenagers beruhte. Es ist gerichtsbekannt, daß so etwas in diesem Alter vorkommen kann. Die Entscheidung der ersten Instanz wird deshalb in allen Punkten aufgehoben.«

Gesche, Laurens und ihre Eltern feierten die Rückkehr der verlorenen Tochter in einem guten Restaurant. Als sie anschließend nach Hause kamen, fand der Vater ein an ihn adressiertes amtliches Schreiben im Briefkasten vor. Es stammte von der Staatsanwaltschaft und begann mit den Worten: »Gegen Sie wird ein Ermittlungsverfahren mit dem Tatvorwurf schwere Körperverletzung von Schutzbefohlenen durchgeführt.«

Dieses Verfahren läuft noch.

Der entschuldbare Irrtum zweier Polizisten

Bernhard und Christel heirateten 1995. Es war eine Liebeshochzeit. 1997 wurde die Tochter Samantha geboren. Christel, die bis dahin als Sekretärin gearbeitet hatte, blieb zu Hause, um sich voll und ganz dem Säugling widmen zu können. Das Geld wurde knapper. Bernhard, der als Fachverkäufer in einem Warenhaus tätig war, übernahm freiwillig Überstunden und Sonderschichten. Wenn er abgekämpft nach Hause kam, interessierte er sich vor allem für ein warmes Plätzchen auf dem Sofa und weniger für die tollen Kunststückchen, die das propere Baby im Laufe des Tages innerhalb und außerhalb des Strampelanzugs vollführt hatte. Das bis dahin gut geölte Räderwerk der ehelichen Beziehungen begann zu knirschen.

Als Samantha das zweite Lebensjahr vollendet hatte, wendete sich das Blatt. Christel nahm einen Posten in der Buchhaltung einer großen Speditionsfirma an. Bernhard arbeitete verkürzt und kümmerte sich um das Kleinkind. Die Eheleute erlebten einen kurzen zweiten Frühling. Dann stieg Christel zur Chefsekretärin auf und mußte häufig ausgedehnte Dienstreisen ins In- und Ausland absolvieren. Mit ihrem Gatten verkehrte sie hauptsächlich über auf Notizzettel gekritzelte Botschaften. Ihre Tochter sah sie ab und an, wenn sie nachts einen flüchtigen Blick ins Kinderzimmer warf.

Das Ende kam schneller als gedacht. Christel ließ sich von ihrem Chef ein Appartement einrichten und reichte die Scheidung ein. An ihrer Tochter hatte sie kein Interesse. Das Kind blieb bei Bernhard. Im Scheidungstermin wurde lediglich das gemeinsame Sorgerecht festgelegt.

An einem sonnigen Herbststag brachte Bernhard die kleine Samantha für einen Wochenendbesuch zu ihrer Mutter. Als er seine Tochter wieder abholen wollte, weigerte sich Christel, das Kind herauszugeben, weil es krank sei. Es kam zu einer lautstarken Auseinandersetzung. Schließlich gab der Vater klein bei. Als neuer Abholtermin wurde der Mittwoch vereinbart. An diesem Tag gelang es Bernhard zwar, seine Tochter unter starkem Gezerre bis auf die Straße zu bringen. Doch als er in den Wagen einsteigen wollte, hinderte ihn Christel daran und begann laut um Hilfe zu rufen.

Zwei herbeigeeilte Polizeibeamte erfaßten die Situation sofort. In ihrem Einsatzbericht vermerkten sie später: »Wir brachten den Täter mittels unserer Ausrüstung zu Fall.« Die Ausrüstung bestand aus einem Gummiknüppel. Bernhard trug zahlreiche Verletzungen wie Platzwunden und Blutergüsse davon.

Nachdem er aus dem Krankenhaus entlassen worden war, rannte er zum Gericht und beantragte einen gerichtlichen Herausgabebeschluß für das Kind. Drei Tage danach hielt er die Eilentscheidung in den Händen. Es war einen Tag zu spät. Christel hatte inzwischen ihr Appartement verlassen und war nebst kleiner Tochter verzogen. Trotz intensiver Suche konnte Bernhard sie weder im In- noch im Ausland aufspüren.

In seiner ganzen Verzweiflung verklagte er die Polizei auf Entschädigung. Bei der Wegnahme des Kindes durch Polizeibeamte habe er körperliche Verletzungen und daraus folgende schwere seelische Traumata erlitten.

Im Urteil hieß es: »Zwar ist der Kläger Opfer einer strafbaren Kindesentziehung geworden. Aber das gewaltsame Vorgehen der Polizisten ist nicht rechtswidrig gewesen. Sie haben sich allenfalls über das Vorliegen eines Rechtfertigungsgrundes geirrt. Eine vorsätzliche Gewalttat hat nicht vorgelegen. Die psychischen Folgen der Kindesentziehung sind nicht auf den Angriff zurückzuführen.«

Das klingt alles sehr logisch. Menschlich ist es nicht.

Körperverletzung, Kopierkosten

Aber dennoch hat sich Bolle ...

Der 21jährige Lehrling Alf war 1,85 Meter groß, sportlich durchtrainiert und hatte kurze blonde Haare. Außerdem besaß er einen Doppelgänger in Gestalt seines eineiigen Zwillingsbruders Arno. Die beiden ließen sich problemlos auseinanderhalten. Alf war Brillenträger, Arno nicht.

Die Brüder sangen Volkslieder im Jugendchor, spielten Volleyball und waren (jedenfalls aus der Sicht ihrer Freunde) stets ordentlich gekleidet. An den Wochenenden gingen sie regelmäßig zur Disko.

Auch der 24jährige Elektrikergeselle Ben war ein begeisterter Dancefloor-Besucher. An einem Sonnabend im April, nach dem fünften Jägermeister mit Cola, wußte der Strippenzieher allerdings nicht mehr so recht, was Phase war. Er fühlte sich deshalb bemüßigt, einen kleinen Scherz auf Kosten anderer zu machen. Dazu piekste er Alf, der an der Bar gerade Getränke fassen wollte, mit seinem spitzigen Zeigefinger in den Rücken und befahl in völliger Verkennung der Realität: »Mach Platz, Zwerg Nase!«

Sein spontaner Gesprächspartner tat, wie ihm geheißen – allerdings anders, als Ben es erwartet oder sich gewünscht hatte. Peng, peng, gab es einen Satz heißer Ohren. Dem Kabelbändiger schoß das Wasser in die Augen. Er kam ins Trudeln und räumte den Tisch links von sich ab, obwohl dort niemand nach dem Kellner gerufen hatte. Und haste nicht gesehen, war die schönste Klopperei im Gange. Die beiden großgewachsenen Brüder standen Rücken an Rücken und bildeten das Auge im Zentrum des Orkans. Wenige Minuten später präsentierte sich rings um sie herum ein Bild der Zerstörung. Ben ging es so wie Bolle in dem bekannten Volkslied: »Aber dennoch hat sich Bolle/ Janz köstlich amüsiert./ Es fing schon an zu tagen,/ Als er sein Heim erblickt./ Das Hemd war ohne Kragen,/ Das Nasenbein zerknickt.«

Doch im Gegensatz zu Bolle war der Elektrikergeselle nachtragend. Er erstattete Strafanzeige. Einige Monate später kamen Alf und Arno vor Gericht und handelten sich jeder eine sechsmonatige Haftstrafe auf Bewährung ein. Alf akzeptierte das Urteil, sein Bruder tat es nicht.

Arno legte Berufung ein. »Ich war gar nicht dabei«, behauptete er. »Ich saß zu Hause, weil ich für eine Prüfung lernen mußte.«

»Weshalb sagen Sie das erst jetzt?« fragte ihn der Richter.

»Weil mich niemand danach gefragt hat. Bereits im ersten Verfahren habe ich immer meine Unschuld beteuert«, antwortete Arno.

»Das stimmt«, unterstützte ihn Alf, der diesmal als Zeuge aussagte. »Ich bin mit meinem Bruder Achim zum Tanzen gegangen.«

»Achim?« wunderte sich der Richter.

»Das bin ich«, sprach ein junger Mann und erhob sich. Er war 1,85 Meter groß, sportlich durchtrainiert, trug eine Jeansjacke und hatte kurze blonde Haare. »Ich bin der ältere Bruder der beiden.«

»Welcher von den dreien hat Sie denn nun geschlagen?«

wollte der Richter von Ben wissen. Der Phasenprüfer meinte: »Ich weiß es genau, der Angeklagte Alf war es, der mit der Jeansjacke.«

»Alf heißt der Zeuge, und der Angeklagte hat eine Lederjacke an«, machte der Verteidiger die Verwirrung komplett.

Der Richter stöhnte: »Alf, Arno, Achim – da kommt man ja völlig durcheinander. Es spricht zwar vieles dafür, daß auch Arno in der Diskothek gewesen ist, aber die Verwechslungsgefahr ist zu groß. Der Angeklagte Arno wird freigesprochen.«

Draußen auf dem Flur nahm der Verteidiger ein Blatt aus der Tasche. »Hier müßten Sie noch unterschreiben«, meinte er zu seinem Mandanten. Der nickte beflissen und setzte sich eine randlose Brille auf, bevor er zum Kugelschreiber griff.

Blutige Begegnung in den Dünen

Es war ein warmer Sommertag an der Ostsee. Die beiden Abiturienten Friedo und David sowie ihr Freund Pawel, ein Lehrling bei der Post, saßen mit reichlich Rotwein am Strand und beobachteten den Sonnenuntergang. Sie unterhielten sich über Musik und Mädchen, rauchten fleißig nach Jungmännerart, ließen die Flasche kreisen und fühlten sich leicht und frei.

In später Nacht, die Uhr zeigte bereits drei, verließen die drei Freunde ihren Platz am Meer, um sich ihre Schlafsäcke zu holen. Sie wollten unter freiem Himmel in den Dünen schlummern. Auf dem Weg zum Auto kamen sie an einer Diskothek vorbei. »Laßt uns noch ein Glas Bier trinken«, schlug Friedo vor und ging hinein. Das war ein Fehler. Drinnen herrschte eine aggressive Stimmung. Mehrere Gruppen betrunkener Jugendlicher waren auf Randale aus. Dann, ohne erkennbaren Grund, sprachen auf einmal die Fäuste. Es kam zu einer Massenschlägerei.

Die drei Freunde versuchten, sich mit heiler Haut nach draußen zu retten. Es gelang ihnen nur teilweise. Ein Boxhieb von der Seite traf Pawels Nase. Blut tropfte auf sein Hemd. Später am Auto tauchte eine Polizeistreife aus dem Dunkel auf. »Sie sind verletzt worden. Wollen Sie Anzeige erstatten?« fragte ein Beamter. Pawel strich sich seine langen Haare zurück und winkte ab. »Alles halb so schlimm.«

Die Polizisten fuhren davon. Die Jugendlichen stapften den Dünenweg nach oben. Drei kräftige Männer mit kurzgeschorenen Haaren kamen ihnen entgegen. »Weshalb hast du mich vorhin angegriffen?« fragte der eine Pawel. »Ich habe niemandem etwas getan«, erwiderte der. Als Antwort erhielt er einen Faustschlag mitten ins Gesicht. Das Nasenbein brach. Blut spritzte. Friedo und David erstarrten zu Salzsäulen.

Die drei Männer umringten den schmächtigen Jugendlichen, stießen ihn hin und her, traten nach ihm, Faustschläge klatschten. Pawel kam zu Fall. Er rollte sich zur Seite, bekam eine leere Flasche zu fassen, zerschlug sie am Boden, fuchtelte damit in der Luft herum, sprang auf und traf einen der Angreifer mitten im Gesicht.

So lautete die Version der Geschichte aus Sicht der Jugendlichen. Die drei Männer – Meinhard, ein Bauarbeiter, Folke, ein Schornsteinfeger, und Chris, ein Verkaufsberater – hatten etwas anderes erlebt.

Meinhard berichtete: »Der Typ hat uns angemacht. Da habe ich ihm ein paar eingeschenkt.« Folke ergänzte: »Meinhard glaubte in dem langhaarigen Lockenkopf einen Angreifer aus der Diskothek zu erkennen. Ich versuchte ihn zu beruhigen, weil es nicht stimmte, aber er hat ihn trotzdem zur Rede gestellt. Dann hat der Lockenkopf grundlos nach ihm geschlagen. Meinhard konnte dem Angriff ausweichen und hat mit einem Hieb auf die Nase geantwortet. So ging es eine ganze Weile hin und her. Ich habe auf den Hänfling eingeredet: ›Gib auf, es hat keinen Zweck.‹ Er wollte nicht auf mich hören, obwohl er schon ziemlich schlimm aussah. Dann hat er nach der Flasche gegriffen. Die anderen sind weggerannt. Ich nicht, ich hatte keinen Grund dazu. Er hat mir den abgebrochenen Flaschenhals mitten ins Gesicht gerammt. Ich wurde schwer verletzt und mußte zur Notoperation ins Krankenhaus.«

Der Richter folgte voll und ganz der zweiten Variante. Er glaubte nicht an Notwehr. Pawel, der nach dem Ende seiner Lehre nicht übernommen wurde und nun arbeitslos ist, muß eine Geldstrafe in Höhe von 3.600 Euro zahlen. Hinzu kommen die Gerichts- und Anwaltskosten, eine hohe Schmerzensgeldforderung von Folke steht auch noch im Raum.

Pawels Freund Friedo hat für sich die Konsequenzen aus dem Erlebnis gezogen: »Seit dem Vorfall fahre ich nicht mehr an die Ostsee.«

Stoßstange gegen Fußgängerwade

Der Straßenverkehr sei, so bemerkte einmal der aus Thüringen stammende Satiriker Ernst Dittrich, die Fortsetzung des Krieges mit anderen Mitteln. Den hohen Wahrheitsgehalt, der diesem Aphorismus innewohnt, mußte der 34jährige Fußgänger Tibor am eigenen Leibe erfahren. Einige Tage vor Weihnachten, es herrschte unfreundliches Matschwetter, wollte er in seinem Heimatort mit einer prallen Tüte in der einen Hand und einem weißen Plastikmülleimer in der anderen eine stark frequentierte Straße überqueren, aber es ging nicht. Irgendein fußlahmer Verkehrsrowdy hatte seinen roten Ford am rechten Fahrbahnrand in zweiter Reihe geparkt. Hinter dem Wagen stauten sich die Autos. Entnervte Chauffeure hupten wie wild und wagten riskante Überholmanöver, um sich hart um das blecherne Hindernis herum am Gegenverkehr vorbeizuquetschen. Passanten hatten in diesem Chaos keine Chance.

Tibor stand direkt vor dem roten Ford auf der Straße und wendete wie ein wuschiger Wiesel seinen Blick von links nach rechts und wieder zurück, um eine Lücke im stetig fließenden Verkehr zu erhaschen. Plötzlich erscholl neben ihm eine trötende Fanfare. Der Fußgänger schaute zur Seite und blickte in die stechend blauen Augen von Arnulf, der auf dem Fahrersitz des roten Fords Platz genommen hatte und nun nonchalant mit dem Arm wedelte. Auf diese Weise wollte er der traurigen Figur vor seinem Kühler bedeuten, gefälligst einen Rückzieher zu machen.

Tibor entgegnete einige schlichte Worte in heimatlicher Mundart. Im späteren Gerichtsprotokoll wurde dieser Sachverhalt wie folgt wiedergegeben: »Der Angeklagte forderte den Zeugen auf, die Fahrbahn vor seinem Auto zu räumen, was der Zeuge wegen des fließenden Verkehrs jedoch ablehnte.«

Der 49jährige Arnulf war Invalidenrentner, und Rentner haben bekanntlich niemals Zeit. Also legte er einen Gang ein und ließ seinen Wagen losrollen. Es machte ›Boing‹, als der lackierte Stoßfänger vom Ford gegen Tibors linke Wade prallte. An der Hose blieben rote Farbpartikel haften. Der Fußgänger deutete den Sinngehalt dieser körperlichen Ermahnung richtig und machte einen Satz nach hinten, wo er von anderen Passanten in die Arme geschlossen wurde.

»Na siehste, geht doch«, murmelte Arnulf in seinen Bart und preschte um die nächste Ecke.

Einige Zeit später bekam er etwas zu hören. Im Urteil hieß es nämlich: »Der Angeklagte wird wegen eines vorsätzlichen gefährlichen Eingriffs in den Straßenverkehr in Tateinheit mit Körperverletzung und Nötigung sowie wegen unerlaubten Entfernens vom Unfallort zu einer Gesamtgeldstrafe von 90 Tagessätzen zu je 20 Euro verurteilt. Dem Angeklagten wird die Erlaubnis zum Führen von Kraftfahrzeugen entzogen. Die Verwaltungsbehörde darf vor Ablauf von neun Monaten keine neue Fahrerlaubnis erteilen. Der Angeklagte trägt die Kosten des Verfahrens.«

Arnulf ist damit gezwungenermaßen auch zum Fußgänger mutiert, also zu einem Verkehrsteilnehmer, bei dem Fahrzeug und Fahrer dasselbe sind.

Schwanzgeld und Prügelsuppe

Früher, also irgendwann im vorigen Jahrhundert, war es auf vielen Dörfern so üblich, daß die Burschen aus den Nachbarorten zur Kirmes und bei anderen Tanzvergnügen ein üppiges »Schwanzgeld« in Form von mehreren Krügen Bier bezahlen mußten. Diese Art Zoll sollte sie davor schützen, im Laufe des Abends eine derbe Prügelsuppe aufgetischt zu bekommen. Manchmal half es, häufig nicht. Zu jedem richtigen Dorfbumms gehört nämlich eine zünftige Klopperei.

Im heißen Sommer des Jahres 2001 zelteten die beiden Gymnasiasten Michi und Roger am Ufer eines lauschigen Mecklenburger Sees. Eines Abends kamen sie auf die völlig absurde Idee, in den Saal des nahegelegenen Dorfkrugs zur Jugenddisko zu gehen. Die beiden hatten noch nie etwas von Schwanzgeld gehört. Überdies kamen sie aus der Stadt, was die Sache zusätzlich erschwerte.

»In der Provinz bin ich der Märchenprinz«, flötete Roger draußen vor der Tür, schüttelte seine schwarze Lockenmähne und sprühte sich mit Deodorant ein. Er hätte sich die Mühe sparen können. Die beiden Freunde bekamen keinen Fuß auf die Tanzfläche. Kaum hatten sie sich an der Theke zwei Becher Bier geholt, ging es schon los. Michi wurde angerempelt und goß sich den Gerstensaft über sein Designer-T-Shirt. Roger hatte noch mehr Pech. Er bekam einen kräftigen Nasenstüber und mußte plötzlich weinen. Fünf Minuten später standen die beiden Städter derangiert draußen vor der Tür und sahen sich zwei Polizisten gegenüber, die lässig mit verschränkten Armen an ihrem Streifenwagen lehnten.

»Bitte die Ausweise zur Kontrolle«, befahl der eine Ordnungshüter.

Roger verteidigte sich: »Herr Wachtmeister, wir sind geschlagen worden!«

Der Beamte notierte die Personalien. Dann sagte er: »Was kommt ihr auch in unseren Krug. Wollt ihr Anzeige erstatten?«

»Nein, nein«, wehrte Michi ab.

Zwei Jahre später, im Spätsommer 2003, erhielt Michi Post von der Justiz. »Sie sind angeklagt der schweren Körperverletzung«, stand in dem Schreiben. Weiter unten hieß es: »Sie haben dem Geschädigten Bernd mit einem Faustschlag ins Gesicht das Nasenbein gebrochen.« Michi wurde bleich wie ein Papiertaschentuch.

Zur Gerichtsverhandlung traten acht Zeugen an. Bernd sagte als erster aus: »Ich war schon total betrunken an dem Abend. Ich habe keine Ahnung, wer mich geschlagen hat.«

Sein Freund Holger meinte: »Da drin steppte der Bär. Mir wurden auch ein paar Dinger eingeschenkt. Von wem weiß ich nicht.«

Als dritter Zeuge wurde Gordon aufgerufen. »An den Angeklagten kann ich mich nicht mehr erinnern.«

Die Staatsanwältin seufzte tief. »Was will man nach so langer Zeit noch erwarten. Das bringt doch alles nichts. Ich bin für eine Einstellung.«

Michis Verteidiger stimmte ihr zu, und der Richter verkündete den Beschluß: »Das Verfahren wird eingestellt, der Staat trägt alle Kosten.«

Draußen vor der Tür bedankte sich Michi bei seinem Anwalt und erklärte: »Wissen Sie, ich verabscheue Gewalt in jeglicher Form. Ich gehe jeder Schlägerei aus dem Weg und meide gefährliche Ort. Aber damals, als mir dieser Idiot das Bier über mein sauteures T-Shirt gekippt hat, da bin ich einfach ausgerastet.«

Der Advokat im Feldbett

Die Zunft der liebevoll als »Rechtsverdreher« benannten Advokaten betreffend gibt es zwei Vorurteile, die von Richtern und Justizangestellten besonders gepflegt werden. Erstens: Alle Rechtsanwälte sind furchtbar reich. Zweitens: Die meisten Anwälte arbeiten am liebsten umsonst, denn Gottes Lohn ist höchster Lohn. Beide Klischees entsprechen nicht der Wahrheit.

Anwalt Leutfried erhielt im September 2002 den Auftrag, seine Mandantin Ellen in einer Rentensache vor dem Sozialgericht zu vertreten. Die sogenannte Leistungsakte war recht dick: 526 Seiten. Leutfrieds Sekretärin kopierte sie Blatt für Blatt und heftete sie in zwei Standordnern ab. Der Anwalt betrieb das Verfahren. Da seiner Mandantin vom Gericht Prozeßkostenhilfe gewährt worden war, stellte er im Februar 2004 einen Antrag auf Kostenerstattung. Ein Posten betraf die 526 Kopien. Leutfried berechnete dafür laut Gebührenordnung 96,40 Euro.

Ende März 2004 erhielt er ein Schreiben der Justizoberinspektorin Margit. Darin stand: »In dem Rechtsstreit werden Sie gebeten, die gefertigten Kopien zur Prüfung der Notwendigkeit einzureichen.«

Anwalt Leutfried wandte sich hilfesuchend an den Präsidenten des Sozialgerichts: »In dieser Sache habe ich Berufung eingelegt, so daß es mir nicht möglich ist, die Fotokopien einzureichen, es sei denn, ich würde sie ein zweites Mal kopieren. In diesem Fall stellt sich dann die Frage, wer die Kopierkosten und die Kosten des Versands trägt.«

Der Präsident des Sozialgerichts hatte ein Einsehen. Er antwortete: »Die Aufforderung zur Übersendung der Fotokopien wird nicht aufrechterhalten. Die Höhe der zu erstattenden Fotokopiekosten wird die Urkundsbeamtin nun in eigener Zuständigkeit prüfen.«

Die Justizoberinspektorin Margit tat dies Anfang Mai

äußerst unbürokratisch. Sie verfügte: »Der Rechtsanwalt hat Anspruch auf Ersatz der Auslagen für Ablichtungen aus den Behördenakten, soweit deren Herstellung zur sachgemäßen Bearbeitung der Rechtssache geboten war. Nach allgemeiner Auffassung sind Fotokopien von Gutachten und anderen medizinischen Unterlagen als notwendig zu erachten. Der Rechtsanwalt muß allerdings das ihm eingeräumte Ermessen auch ausüben und darf nicht kurzerhand die gesamte Behördenakte ablichten. Die beantragten Auslagen für die gefertigten Fotokopien werden somit zurückgewiesen.«

Rechtsanwalt Leutfried bekommt keinen einzigen Cent.

Aber es gibt einen noch viel einfacheren Weg, unnötige Fotokopiekosten zu vermeiden, wie Rechtsanwalt Dr. Max erfahren mußte. Er hatte beim Finanzgericht Akteneinsicht beantragt und darum gebeten, die Akten zum Zwecke des Kopierens in sein Büro mitnehmen zu dürfen. Dieser Antrag wurde abgelehnt: »Die Akten sind nicht so umfangreich, daß die Einsicht in den Räumen des Finanzgerichts unzumutbar wäre. Zwei der 16 Aktenbände sind Bilanzakten, die generell wenig mehr als die vom Steuerpflichtigen selbst vorgelegten Bilanzen enthalten, und sechs weitere Aktenstücke sind nur wenige Seiten stark.«

Dr. Max hat ein gutes Dutzend Bleistifte angespitzt und sich ein Vierteljahr freigenommen, um nun die »wenig umfangreichen« 16 Aktenbände von Hand zu kopieren. Er hofft allerdings sehr, daß ein weiterer Antrag genehmigt wird. Dr. Max hat nämlich darum gebeten, im Finanzgericht aus Gründen der Zeitersparnis ein Feldbett aufstellen zu dürfen.

Miete

Teufel sind alle schwarz

»Der Teufel scheißt immer auf den größten Haufen«, sagt das Sprichwort. In jugendfreier Übersetzung lautet es: »Wem's der Herr gibt, dem gibt er's gerne groß«. Evi, eine rüstige Dame Ende Sechzig, besaß nach zwei dahingeschiedenen Ehegatten und etlichen kühnen Investitionen mehr Mietshäuser als Finger an der Hand. Obwohl sie ein Hausverwaltungsbüro sowie eine Rechtsanwaltskanzlei beschäftigte, steckte sie trotzdem ihre Nase in die meisten Sachen.

In einem der Mietshäuser wohnte parterre links das Rentnerehepaar Lydia und Siegfried. Die beiden alten Leute litten an starken gesundheitlichen Problemen und wollten nach La Palma in den warmen Süden ziehen. Im Herbst setzten sie sich mit ihrer Vermieterin in Verbindung und baten sie um die vorfristige Auflösung des Mietvertrages. Die Antwort fiel positiv aus: »Ich bin mit einem vorzeitigen Ende einverstanden, wenn ein geeigneter Nachmieter gefunden wird. An der Suche nach einem solchen will ich mich gerne beteiligen.«

Lydia und Siegfried legten los. Sie bereiteten ihren Umzug auf die Kanarischen Inseln vor, verkauften einen

Großteil ihrer Habe und fanden ein junges Ehepaar, das bereit war, die Wohnung zu übernehmen. Freudig teilten sie ihrer Vermieterin die frohe Kunde mit: »Wenn alles gut läuft, kann im Frühjahr die Übergabe stattfinden. Wir fliegen über Weihnachten und Neujahr nach Spanien zum Eingewöhnen.«

Neid ist der Ärger über den Mangel an Gelegenheit zur Schadenfreude. Weil sich Evi im Gegensatz zu ihren Mietern nicht von ihren irdischen Gütern lösen konnte, mißgönnte sie ihnen den Mut zum Neuanfang. Am 14. Dezember schrieb sie zurück: »Die jungen Eheleute kommen nicht in Frage. Ich werde selbständig keine anderen Nachmieter suchen und gebe Ihnen hierzu noch bis zum 22. Dezember Gelegenheit.«

Lydia und Siegfried hatten keine Chance mehr, etwas zu ändern. Flug und Hotel waren gebucht, ein Maklertermin in Spanien fest vereinbart. Die Rentner verließen das kalte Land und hofften auf besseres Wetter. Als sie zurückkamen, fanden sie die nächste Hiobsbotschaft vor: »Am 10. Januar werde ich die Haustür mit einem neuen Schloß versehen und dann von meinem Vermieterpfandrecht an Ihren Möbeln Gebrauch machen.«

Am 10. Januar ließ Evi die Schlösser austauschen. Einige Stunden später kündigten Lydia und Siegfried fristlos ihren Mietvertrag. Am nächsten Tag reichte Evi eine Klageschrift ein. Sie forderte das Gericht auf, festzustellen, daß der Mietvertrag weiter gelten würde. Der Prozeß ging verloren. Der Richter meinte: »Die Mieter hatten mit dem jungen Ehepaar geeignete Nachmieter gestellt. Die Vermieterin hat aus nicht gerechtfertigten Gründen und treuewidrig ihre Mitwirkung beim Abschluß des Nachmietvertrages verweigert.«

Evi tobte danach eine Stunde lang wütend durch ihre Wohnung, zerschmiß Blumenvasen und zerdonnerte drei Zierteller aus gutem Meißener Porzellan. Jemand mußte

Schuld sein – und sie war es nicht! Kurzerhand verklagte sie ihren Anwalt Richard auf Schadensersatz. Die abenteuerliche Begründung lautete: »Er wußte Bescheid, er hätte mich warnen müssen!«

Tatsächlich schloß sich das Gericht dieser Ansicht an: »Ein Anwalt handelt pflichtwidrig, wenn er bei positiver Kenntnis seinen Mandanten nicht davon abhält, Türschlösser auszutauschen, um ein Vermieterpfandrecht durchzusetzen. Kündigt der Mieter daraufhin fristlos, haftet der Anwalt für den gesamten Mietausfallschaden.«

Doch Evi hatte sich zu früh gefreut. Es folgte nämlich noch ein Nachsatz: »Zum Schadenseintritt ist es jedoch nur gekommen, weil sich die Vermieterin treuewidrig und nicht pflichtgemäß verhalten hat, denn sonst hätten die Nachmieter den Mietzins entrichtet.«

Evi blickte entgeistert zu Anwalt Richard und zum Richter. Dann fluchte sie verhalten: »Die Teufel sind tatsächlich alle schwarz!«

Der verdammichte Haderlump

Bauer Lindemann wohnte weit ab vom Dorf. Am Ende eines mit Erlen bestandenen Hohlwegs bewirtschaftete er einen hübschen großen Hof direkt am Waldrand. Zum Anwesen gehörte eine an der Vorderfront offene Halle. Hier hatten in seligen LPG-Zeiten Maschinen und Traktoren gestanden. Nun diente sie dazu, Gerümpel und verrostete Motorenteile aufzubewahren. Eines Tages verirrte sich der wohlbeleibte Zeitungsverleger Benjamin bei einem Waldlauf. Mir nichts, dir nichts stand er plötzlich auf dem Dreiseitenhof. Anfangs war seine Verärgerung groß, weil an seinem linken Hosenbein der Dackelrüde Pascha hing, während sich der Schäferhundmischling Frollein für das rechte Hosenbein entschieden hatte. Dann erblickte der Mann der Worte die Halle, und ein Leuchten glitt über sein Gesicht. Benjamin suchte nämlich dringend nach einem Papierlager für sein Anzeigenblatt.

Bauer Lindemann hörte den Radau, befreite den ungebetenen Gast von den Hunden, und als die Sprache auf die Halle kam, holte er die Flasche Klaren aus der Kammer. Eine Stunde später war ein Vertrag unterzeichnet. Der Zeitungsverleger mietete die Halle und verpflichtete sich schriftlich, an der offenen Seite auf eigene Kosten eine Mauer hochzuziehen.

Nachdem der neue Mieter weitergeflitzt war, rieb sich Bauer Lindemann die Hände. Eigentlich hatte er die Halle nämlich abreißen wollen. Nun brachte sie ihm ein hübsches Zubrot ein. Vielleicht würde es mit dem neuen Trecker im nächsten Jahr nun doch etwas werden.

Auf den Sommer folgte der Herbst. Rauhreif bedeckte die leuchtend gelben und roten Blätter. In der unbeheizten Halle bildete sich Kondenswasser an der nicht isolierten Dachkonstruktion und tropfte auf das Lagergut. Bauer Lindemann bekam einen Brief von Benjamin. In ihm stand: »Die Halle ist für die Lagerung von Papier ungeeignet, weil sie weder über eine Heizung noch eine Lüftung verfügt. Ich fordere Sie hiermit auf, binnen von zwei Monaten Abhilfe zu schaffen. Bis dahin mindere ich die Miete um hundert Prozent.«

Bauer Lindemann geriet ob dieser Lektüre derart in Rage, daß er fast den Schäferhundmischling Frollein verprügelt hätte, obwohl der nichts dafür konnte. Zwei Stunden später war das Antwortschreiben fertig. In ihm stand: »Als die Halle noch an einer Seite offen war, hat sich kein Kondenswasser gebildet. Die von ihnen errichtete Mauer ist die Ursache für den Mangel. Ich habe ihn nicht zu vertreten.«

Weil Benjamin nicht zahlte, kam die Sache vor Gericht. Aber Pech gehabt. Im Urteil hieß es: »Nach Auffassung des Gerichts war der Beklagte zur Mietminderung berechtigt. Die Baumaßnahme hat zwar das ursprünglich mögliche Einströmen von Frischluft in die Halle unterbunden und damit die Bildung von Kondenswasser ausgelöst. Aber die im Mietvertrag enthaltene Klausel, daß der Vermieter keine Haftung für die tatsächliche Eignung der Mietsache übernimmt, ist unwirksam.«

Bauer Lindemann lief puterrot an, und er brüllte: »Der Haderlump, der verdammichte, lagert immer noch Papier in der Halle, mit oder ohne Kondenswasser. Er hat nur ein paar Planen darübergelegt, und fertig war der Lack.«

Das Gericht blieb unerbittlich: »Wenn die Mietsache zum vertraglich vorgesehenen Zweck ungeeignet ist, kann die Miete um hundert Prozent gemindert werden, obwohl der Gebrauch unverändert fortgesetzt wird.«

Lord Robert Gilbert Vantissart meinte zu diesem Thema: »Ein Vertrag ist ein System, unter dem die Treuen immer gebunden und die Treulosen immer frei sind.«

Oma Augustine hatte kein leichtes Leben. Im Krieg hatte sie ihren Mann verloren. Als Umsiedlerin war sie mit Rucksack, Handwagen und zwei kleinen Kindern über Land gezogen, bis zu einem kleinen Häuschen am Dorfrand. Sie lebte dort jahrzehntelang mit zugigen Fenstern, versotteten Kachelöfen und einem Plumpsklo auf dem Hof. Im Herbst 1992 wurde endlich eine moderne Heizung installiert und ein Badezimmer eingerichtet. Im Winter 1994 erlitt Oma Augustine einen Schlaganfall. Wenige Monate später, im Frühjahr 1995, starb sie.

Enkelin Bärbel erbte die gesamte Hinterlassenschaft: Wackelige Möbel, abgetragene Sachen, einige hundert Mark an Ersparnissen. Bärbel studierte Medizin in einer anderen Stadt und hatte momentan kein Interesse an dem Häuschen. Sie wollte es aber auf keinen Fall verkaufen. Es war der Ort ihrer Kindheit, an den sie irgendwann einmal zurückzukehren gedachte. Bärbel ließ das Haus entrümpeln, renovierte es und brachte den Garten in Ordnung. Dann vermietete sie das Grundstück an Gunda und Thoralf zu einem monatlichen Mietpreis in Höhe von 1.100 Deutsche Mark. Der Standartmietvertrag hatte drei Zusätze: »1. Die Mieter sind Halter eines Hundes. 2. Weitere Tiere dürfen nicht gehalten werden. 3. Der Garten wird von den Mietern in einem gepflegten Zustand gehalten.«

Sieben Jahre lang ging alles gut. Bärbel finanzierte mit den monatlichen Mietzahlungen ihr Studium und legte mit großem Erfolg ihre Prüfungen und Examina ab. Doch dann, im Sommer 2001, gingen Briefe hin und her. Gunda und Thoralf berichteten von einer momentanen Krise und baten um Zahlungsaufschub.

Bärbel fand es an der Zeit, endlich einmal wieder nach Hause zurückzukehren und dort nach dem Rechten zu sehen. Als sie vor ihrem Grundstück stand, dem Lebenswerk von Oma Augustine, traf sie fast der Schlag: Der Garten war ein schlammiger Acker, den drei Schweine um und um wühlten, in dem zwei wütende Schäferhunde herumsprangen und wo sich Berge von Abfall vor einem Autowrack sowie haufenweise alter Autoreifen türmten.

Bärbel schlug die Hände über dem Kopf zusammen und besuchte ihre alten Nachbarn Kurt. Der berichtete ihr, daß es hinter dem Haus nicht besser aussehen würde, weil dort Vogelvolieren und Hasenställe neben alten Kühlschränken und stapelweise leere Bierkästen stünden. Der Gestank sei widerlich und die vom Grundstück ausgehende Rattenplage furchtbar. Bärbel ging zu ihrem Auto, nahm einen Fotoapparat heraus und fotografierte alles. Dann reichte sie Räumungsklage ein.

Gunda und Thoralf gaben sich ahnungslos. »Wir leben auf dem Dorf, da ist das Halten von Schweinen völlig normal.«

Das Gericht war anderer Ansicht: »Wenn die Klägerin Haus und Grundstück als in einem unerträglich verwahrlosten Zustand bezeichnete, so ist dies die zutreffende Gesamtbewertung. Es geht nicht nur darum, die Klägerin vor etwaigen Unterlassungsklagen aus der Nachbarschaft zu bewahren, sondern insbesondere darum, der Klägerin den Wert ihres Grundstücks zu bewahren. Hier führt das Halten von drei Schweinen naturgemäß zu einem erheblichen Substanzeingriff.«

Gunda und Thoralf hatten das Grundstück zu räumen. Auch wer Schweine hält, muß nicht immer Schwein haben.

Charly war ein bleichgesichtiger 23jähriger Bursche mit schwarzgefärbten Haaren, der in einer Punk-Band mit dem Namen »Bogeymen« spielte. Ihre Musik hatte mit dem guten alten Boogie Woogie nicht das geringste zu tun. »Bogeymen« bedeutet so viel wie »Buhmänner« oder »Schreckgespenster«.

Wenn die Gruppe ein Konzert gegeben hatte, hörte sich Charly später zu Hause noch einmal den Mitschnitt an, um aus Fehlern zu lernen. An sich wäre dies Unterfangen sehr löblich gewesen, doch die weniger musikinteressierten Nachbarn waren von den wummernden Bässen und den schrillen Gitarrenriffs nachts um drei wenig angetan. Sie steuerten ihren Teil zur Unterhaltung bei, indem sie mit Krückstöcken und Besenstielen an Wände und Decken hämmerten.

Eines Nachts, mitten in einer solchen mieterverbindenden Kulturveranstaltung, klingelte es bei Charly an der Wohnungstür. Er öffnete. Vor ihm stand ein etwa 1,90 Meter großer Mann im Schlafanzug mit kurzgeschorenen Haaren und etwa 120 Kilogramm Lebendgewicht. Der Mann sagte sehr freundlich: »Mein Name ist Friedhelm. Ich war früher einmal Jugendmeister im Weltergewicht. Aber Boxen ist wie Radfahren. Man verlernt es nie. Nun gibt es zwei Möglichkeiten. Entweder Sie schalten die Musik für immer aus. Oder Sie lassen die Boxen weiter dröhnen. Dann zeige ich Ihnen, was ich mir über die Jahre merken konnte.«

Charly wählte eine ganz andere Variante und zog überhastet aus. Sein neues Quartier nahm er in einem Haus, in dem die unteren Etagen als Arztpraxen und Büros vermietet waren. Nur im vierten Stock gab es zwei Wohnungen. In der einen wohnte seit vielen Jahren der schwerhörige Herr Hartwig.

Eine Zeitlang kamen die beiden glänzend miteinander aus. Wenn Charly nach Hause kam, lag der Rentner schon im Bett und schnarchte. Das änderte sich, als Hartwigs Tochter Gundula ihrem Vater ein extrem teures Hörgerät schenkte. Im Gegensatz zum bisherigen Kassenmodell funktionierte es perfekt.

Von Stund an war die nachbarschaftliche Ruhe gestört. Hartwig beklagte sich im Skatverein über den Radaubruder. Friedhelm, der Wirt hinter der Theke, hatte zugehört. »Ich glaube, ich kenne den Krachmacher«, sagte er und berichtete von seinem Erfolgsrezept.

Hartwig versuchte es zu kopieren. Vergeblich. Diesmal ließ sich der Musiker nicht beeindrucken. Des Rentners Worten gebrach es offensichtlich an durchschlagender Überzeugungskraft. Hartwig schrieb deshalb an den Hauswirt Carlo und bat um Abhilfe. Carlo wohnte 500 Kilometer weit entfernt und interessierte sich nicht die Bohne für die Probleme seines Mieters.

Schließlich kürzte Hartwig in seiner ganzen Verzweiflung eigenmächtig die Miete. Carlo mahnte mehrfach. Dann verklagte er den Rentner und verlangte eine Nachzahlung von 1.065,12 Euro. Das Urteil lautete: »Eine Minderung der Miete bleibt dann für die Vergangenheit und Zukunft ausgeschlossen, wenn der Mieter über längere Zeit in Kenntnis des Mangels die Miete vorbehaltlos weitergezahlt hat.«

Doch Carlo hatte trotzdem ein Herz für den Rentner. Er gab Hartwig einen Tip: »Schalten Sie doch einfach nachts Ihr Hörgerät aus.« Seitdem ist wieder Ruhe eingekehrt. Scheinbar jedenfalls. »Musik ist für mich das Schönste aller Geräusche«, meint der eine. »Moderne Musik bedeutet Lärm mit Copyright«, findet ein anderer.

Die beste Grundlage für zukünftige Weisheit

Bauer Lindemann war Landwirt in der zweiten Generation. Er hatte den Hof von seinem Vater übernommen. Mitte der neunziger Jahre war ihm die Neubauernkate zu klein geworden und er baute sich ein hübsches großes Bauernhaus. Die guterhaltene Kate vermietete er für wenig Geld an Leute, die die Einsamkeit und Ruhe einer abgeschiedenen Hofanlage zu schätzen wußten.

Nachdem die letzten Mieter ausgezogen waren, meldeten sich zwei junge Burschen auf die neuerliche Zeitungsanzeige. Die Freunde Gerko und Morten waren Lehrlinge und hatte beide Streß mit ihren Eltern. Eine flüchtige Kalkulation ihrerseits hatte ergeben, daß sie gemeinsam durchaus in der Lage waren, die monatliche Miete in Höhe von 400 Euro aufzubringen.

Drei Monate lang lief alles wie am Schnürchen, dann traten die ersten Probleme auf. Die Mietzahlungen kamen spärlich, später gar nicht mehr. Schließlich verschwanden die beiden Burschen sang- und klanglos und wurden nimmermehr gesehen. In der Wohnung ließen sie alles zurück, was sie nicht mehr gebrauchen konnten: Zerbrochene Möbel, leere Flaschen, Essensreste, schmutzige Wäsche und anderen Müll.

Bauer Lindemann besaß einen Fotoapparat. Er machte hübsche Farbaufnahmen von dem Chaos, und als er die neuen Anschriften von Gerko und Morten ermittelt hatte, kündigte er ihnen fristlos. Außerdem verlangte er den rückständigen Mietzins und die Miete für die Zukunft, da die Wohnung weder ordnungsgemäß geräumt noch übergeben worden war.

Gerko und Morten taten das Naheliegende. Sie gingen zu einem Anwalt. Und der schrieb einen langen Brief an Bauer Lindemann. Darin stand, daß er keinen einzigen Cent mehr zu erwarten habe. Grund: Die Kate sei eine elende Bruchbude mit undichtem Dach, kaputten Fenstern und verschimmelten Wänden. Die verlangte Miete wäre ein Wucherzins für den erbärmlichen Zustand des Hauses gewesen. Er als Vermieter habe nur die momentane Zwangslage von Gerko und Morten ausnutzen wollen, und das sei ganz eindeutig sittenwidrig gewesen. Er könne von Glück sagen, daß ihm weder die Baupolizei, noch die Heilsarmee auf den Pelz gerückt sei.

Bauer Lindemann fiel beim Lesen dieser netten Zeilen die Tabakspfeife aus dem Mund.

Viele Monate später fand die Verhandlung statt. Der Richter hatte sich umfangreiche Notizen gemacht. »Der Mietpreis ist wohl nicht überhöht gewesen«, meinte er grüblerisch. »Und Gewährleistungsansprüche sind ausgeschlossen, wenn es die Mieter unterlassen haben, dem Vermieter die Mängel nach deren Auftreten unverzüglich anzuzeigen und er wegen der unterbliebenen Anzeige keine Abhilfe schaffen konnte. Außerdem kannten die Beklagten den Zustand des Hauses bei Vertragsabschluß.«

Schlagartig verschwand das Grinsen aus den Gesichtern von Gerko und Morten, und auch ihr Anwalt machte plötzlich eine sauertöpfische Miene.

»In Anbetracht der geringen Einkommensverhältnisse der Beklagten schlage ich einen Vergleich vor, auch um ihnen unnötige Kosten zu ersparen«, versuchte der Richter zu vermitteln.

Die Parteien folgten dem Vorschlag. Gerko und Morten verpflichteten sich, zusammen 5.000 Euro zu zahlen und 73 Prozent der Gerichts- und Anwaltskosten zu tragen.

Bauer Lindemann lächelte versonnen. Dummheiten sind schließlich die beste Grundlage für zukünftige Weisheit.

Nachbarn, Nötigung, Notdurft, Notwehr

Nette Nachbarn nörgeln nicht

Gute Nachbarn sind seltener als Lebensmittelläden auf dem Land, so rar wie Preissenkungen im Personennahverkehr und viel spärlicher als ehrliche Anwälte. Oft gehören Nachbarn zu den schwersten Prüfungen, die das Leben für einen mittelständischen Mitteleuropäer bereithält.

Eigenheimbewohner Gerbert wollte erst gar keine Mißstimmung aufkommen lassen. Er begrüßte seine neuen Nachbarn Silvia und Oskar mit einem guten Gläschen Gin und half ihnen später mit kleinen handwerklichen Tricks bei der Lösung komplizierter Probleme an Dach und Fach. Im Spätherbst gab es die eine oder andere kleine Fete auf der Terrasse, und Silvester feierten beide Familien schon gemeinsam. »Du kannst Ossele zu mir sagen«, krähte der Nachbar vergnügt und gab Gerberts Ehefrau Petra einen dicken Schmatzer.

Im folgenden Frühjahr wendete sich das Blatt. Die Besuche wurden seltener, und eines Tages lagen abgeschnittene Zweige und herausgerupftes Unkraut hinter dem Zaun. Gerbert suchte das Gespräch mit den Gartenfreunden, doch Silvia wich ihm aus, und Ossele hatte sich in Oskar zurückverwandelt.

»Wer nicht will, der hat, und wer nicht ißt, ist satt«, kommentierte Petra die unerklärlichen Ereignisse philosophisch verschwommen. Lange Zeit passierte nicht viel, doch dann stand eines Tages eine von Silvia gepflanzte Thuja-Hecke unmittelbar an der Grundstücksgrenze.

»Wie willste deine Hecke schneiden, wenn sie anfängt zu wuchern?« fragte Gerbert seinen früheren Spezi Oskar. Der erwiderte keck: »Noch nie was vom Hammerschlagsrecht gehört, was? Du mußt mich auf dein Grundstück lassen. Und am klügsten ist es, du setzt den Zaun ein Stück zurück, damit ich bequem dahinter langlaufen kann.«

»Zuviel zerreißt den Sack«, brummte Gerbert ärgerlich und rannte zum Schiedsmann. Der legte seine Stirn in Falten und bemühte sich zu schlichten, doch der Versuch mißlang. Die Sache kam vor Gericht.

Ein Dreivierteljahr später fand die Verhandlung statt. Die Richterin wirkte gereizt, müde und mißmutig. »Ganz egal, wie ich entscheide, es wird Ihnen nicht gefallen. Wollen Sie sich nicht einigen?«

Zwei Köpfe links und zwei Köpfe rechts vom Richtertisch wurden geschüttelt und rotierten dabei wie Flugzeugpropeller beim Start.

Die Richterin fuchtelte mit ihrem Diktiergerät in der Luft herum und dozierte: »Thuja-Hecken dürfen ohne einen bestimmten Abstand zur Grenze gesetzt werden, wenn bei ihnen das Zurückschneiden üblich ist.«

»Im Prinzip schon«, erwiderte Gerbert. »Aber die Zweige ragen auf mein Grundstück. Das muß ich nicht dulden. Und von seiner Seite aus kann mein Nachbar die Hecke nicht schneiden.«

Auch hierauf wußte die Richterin eine Antwort: »Hier gilt das allgemeine Schikaneverbot nach § 226 BGB. Ein Beseitigungsverlangen ist unzulässig, wenn es an einem berechtigten Interesse daran fehlt und es nur darum geht, dem anderen einen Nachteil zuzufügen. Die Klage wird abgewiesen.«

»Nette Nachbarn nörgeln nicht«, rief Silvia triumphierend.

Sie hat sich zu früh gefreut. Gerbert wird natürlich in Berufung gehen. Schließlich ist ein hübscher kleiner Nachbarschaftskrieg der schlagendste Beweis für menschliche Unzulänglichkeit.

Neue Mauern braucht das Land

Die ganze Sache wäre nicht passiert, wenn Kutte seinen Hund Waldi nicht dressiert hätte. Waldi, ein Kurzhaar-Zwergdackel, beherrschte mehrere possierliche Kunststückchen wie »Fang den Schwanz«, »Alle vier Pfötchen nach oben« und »Hol die Zeitung«.

An jenem Sonnabend im Mai gab Kutte wieder das Kommando, und der kleine Köter kam mit der Postille angehechelt. Doch möglicherweise wäre trotzdem nichts geschehen, wenn in der Wochenendausgabe nicht die vielfarbige Werbebeilage vom XY-Baumarkt gesteckt hätte.

Auch dieser Umstand wäre vermutlich völlig folgenlos geblieben, wenn Kutte nicht plötzlich ein dringendes Bedürfnis verspürt hätte. Er suchte ein stilles Örtchen auf und entfaltete – entgegen seiner sonstigen Gewohnheiten – die Zeitung schon am Morgen, und nicht erst am Abend. Die Werbebeilage rutschte heraus, Kutte warf einen Blick darauf. In seinen Augen blinkten Dollarzeichen. Der XY-Baumarkt veranstaltete justament an diesem Samstag zwischen elf und 13.30 Uhr eine Sonder-Rabatt-Aktion für treue Kunden. Bereits preisgesenkte Sonderangebote wurden nochmals um sensationelle 20 Prozent herabgestuft. Darunter auch das handgepickerte Gartenmäuerchen »Toskana« im traditionell gediegenen Rustiko-Stil.

Einige Stunden später klingelte Kutte bei seinem Gartennachbarn Bernd, der zwar keine Ahnung von Fußball hatte, aber ein leidlich guter Doppelkopf-Spieler war. »Du Bernde«, sagte der Besucher, »am Montag krieg ich Steine. Kannste bis dahin mal deine Hecke zurückschneiden?«

Bernd stutzte und blickte abwechselnd auf die 2,50 Meter hohe Thuja-Hecke und auf sein Gegenüber. »Wie, wo, was?« fragte er irritiert.

»Mediterranes Ambiente mit Wohlfühlaroma und Erfolgsgarantie. Gab es total günstig. Dafür brauche ich Baufreiheit an der Grundstücksgrenze. Deshalb mußt du machen schnipp-schnapp, und zwar pronto. Am besten ist, du reißt den ollen Maschendrahtzaun gleich mit ein.«

»Mensch Kutte, der Zaun steht dort schon seit 25 Jahren. Den hatte Opa Atze in der BHG organisiert. Der ist noch so gut wie neu. Der Zaun.«

»Der Zonenkram muß weg. Neue Mauern braucht das Land.«

Bernd lächelte sehr finster und ging grußlos ins Haus zurück. Kutte griff zur Selbsthilfe. Er kappte auf seinem Grundstück ritsche-ratsche die Wurzeln von der Thuja-Hecke und legte die Zaunpfähle entlang der Grenze frei. Einige der verrotteten Stützen brachen ab, und plumps fiel der gesamte Zaun um. In den nächsten Wochen verfärbte sich die Thuja-Hecke bräunlich und ging ein. Dafür sah das neue Mäuerchen allerliebst aus. Fand jedenfalls Kutte.

Wenig später verging ihm das Lachen. Bernd hatte ihn auf Schadensersatz verklagt. Er wollte 1.000 Euro für den zerstörten Gartenzaun und 3.000 Euro für die Thuja-Hecke.

Der Richter sprach: »Der Kläger hat einen Schadensersatzanspruch wegen der Beschädigung des Zauns. Aber nur in Höhe von 199,40 Euro. Er muß sich einen Abzug alt für neu anrechnen lassen. Der alte Zaun hatte eine Haltbarkeit von 15 bis 20 Jahren und stand bereits seit 25 Jahren.

Wegen der beschädigten Heckenpflanzen besteht kein Schadensersatzanspruch. Der Beklagte war berechtigt, die vom Grundstück des Klägers auf sein Grundstück hinüber gewachsenen Wurzeln abzuschneiden. Es wäre nun Sache des Klägers gewesen, geeignete Maßnahmen wie Umsetzen oder Zurückschneiden zu ergreifen, die ein Eingehen der Hecke hätte verhindern können. Dies hat er unterlassen.«

Kutte spielt neuerdings Skat. Er besitzt zwar ein neues Mäuerchen und hat den Prozeß überwiegend gewonnen, aber seinen Doppelkopfpartner verloren.

Waffenschein für einen Hund

Eine Vielzahl von Konkursen, die neuerdings Insolvenzen heißen, sind darauf zurückzuführen, daß das Rechtssystem in unserem Land in erster Linie den säumigen Schuldner und nicht etwa den geschädigten Gläubiger schützt. Betrügerische Geschäftemacher verbergen sich ganz legal hinter einem Firmengeflecht von Generalauftrag-, Hauptauftrag- und Nachtragaufnehmern. Sie ändern – sobald ihnen ihr verärgerter Vertragspartner auf die Schliche gekommen ist – Sitz oder Gesellschafterverhältnisse ihres Unternehmens. Dem Kreditor steht das Wasser inzwischen bis zum Hals, aber er muß weiter »Schlapp hat den Hut verloren« spielen.

Wenn er dann endlich alle notwendigen Angaben, Unterlagen und Beweismittel zusammen hat, beginnt das Prozessieren. Ein Klageverfahren kostet Geld, denn Gerichts- und Anwaltskosten müssen vorgeschossen werden. Alles dauert furchtbar lange, weil die Gerichte überlastet und personell unterbesetzt sind und kaum über moderne Computeranlagen verfügen. Ein versierter Prozeßanwalt kann einen Rechtsstreit mühelos über mehrere Instanzen und etliche Jahre hinziehen.

Und wenn dann am Schluß der Gläubiger, der inzwischen längst auf dem Zahnfleisch kraucht, ein Endurteil, gegen das keine Berufung mehr möglich ist, in den Händen hält, beginnt das Drama mit den Gerichtsvollziehern. Auch sie haben alle Hände voll zu tun, werden deshalb mitunter erst nach Monaten tätig, kosten natürlich auch Geld und sind in den meisten Fällen erfolglos. Irgendwann geht das Schiff dann unter.

Den Ländern einerseits fehlt es an den Finanzen, um mehr Richter, Rechtspfleger sowie Justizangestellte einzustellen, die veraltete Technik zu modernisieren und die Zahl der Gerichtsvollzieher angemessen zu erhöhen. Der Gesetzgeber andererseits redet viel und tut wenig, die Stellung der Gläubiger zu verbessern. Seine halbherzigen Versuche bisher haben eher das Gegenteil erreicht. Das Ergebnis: Alles wird komplizierter und langwieriger.

So manch ein verzweifelter Geschäftsmann probiert deshalb den Charles-Bronson-Blick, sagt: »Das Gesetz bin ich!« und nimmt das Recht in die eigenen Hände. Lars beispielsweise hatte mit Günther einen Telefonladen aufgemacht. Lars war der Fachmann für Rooming, Connecting, SMN, WAP und wie der ganze neudeutsche Unsinn heißt, während sich Günther als angeblicher Betriebswirt um die Buchführung kümmerte (was er aber nicht tat).

Nach einigen Wochen stapelten sich die unbezahlten Rechnungen in mehreren Schuhkartons, und der Vermieter grüßte auch nicht mehr sehr freundlich. Mehrere Gespräche unter den beiden Firmeninhabern erbrachten keine Änderung. Da Lars nicht im Schuldturm enden wollte, forderte er seinen Partner auf, ihm sofort sämtliche Geschäftsunterlagen auszuhändigen. Günther weigerte sich. Daraufhin öffnete Lars die Tür, holte seinen Pittbullterrier Schneeflöckchen herein und drohte damit, ihn von der Kette zu lassen.

Günther blickte tief in Flockes blutunterlaufene Augen, musterte die gebleckten Fangzähne sowie die krause Nase und entschied sich spontan dafür, die Papiere zu übergeben.

Einige Gerichte sehen Kampfhunde, die auf Menschen gehetzt werden, als gefährliche Werkzeuge an, andere gar als Waffe. In diesem Fall wertete das Gericht das Verhalten von Flockes Herrchen als Nötigung und verurteilte ihn zu einer Geldstrafe von 1.500 Euro.

Der Hund wurde zwar nicht eingezogen, und Lars ist nun auch im Besitz der Geschäftsunterlagen, aber seine Probleme sind damit nicht gelöst. Er hat Angst vor dem Tag, an dem ein Gläubiger an seine Tür klopft, ihn wie Clint Eastwood mustert und mit tiefer Gangsterstimme sagt: »Her mit der Kohle, oder mein Colt Peacemaker spricht!«

Kein Notstand bei kleiner Notdurft

Peter Frankenfeld (1913 – 1979), der zu den originellsten Quiz- und Showmastern von Unterhaltungssendungen im deutschen Fernsehen gezählt wird, begann seine Karriere als Varietékünstler im »Kabarett der Komiker«. Aus dieser Zeit stammt sein bekanntes Lied vom neuen Paletot. Es schildert die Nöte eines Mannes, der nach einem reichhaltigen Gaststättenessen dringend auf die Toilette muß, sich aber nicht traut, weil er Angst vor einem Diebstahl hat, denn: »Geh ich weg von dem Fleck, ist der Überzieher weg.«

Das Lied wirkt deshalb so erheiternd, weil jeder Mensch in seinem Leben schon Situationen erlebt hat, in denen er durch widrige Umstände am Toilettenbesuch gehindert wurde.

Curd fuhr mit dem Pkw eine einsame Allee entlang, als auch ihn ein dringendes Verlangen überkam. Er parkte rechts am Rand mit zwei Rädern auf dem Grünstreifen. Anschließend schlug er sich in die Büsche und kam kurz darauf erleichtert zurück. Während der weiteren Fahrt überholte er einen einsamen Wandersmann, der ihm finster nachschaute. Curd hatte das alles schon längst aus seinem Gedächtnis verdrängt, als er plötzlich vor den Kadi zitiert wurde.

Tatvorwurf: Die einsame Straße gehörte zu einem Landschaftsschutzgebiet, in dem es außerhalb der befestigten Wege verboten war, zu fahren oder zu parken. Gegen dieses Verbot hatte Curd verstoßen, weil er mit zwei Rädern auf dem Grünstreifen gestanden hatte.

»Euer Ehren«, versuchte sich der Gesetzesbrecher zu verteidigen. »Ich mußte dringend austreten. Sehr dringend sogar. Alarmstufe rot sozusagen. Um den nachfolgenden Verkehr nicht zu behindern, hielt ich am äußersten Fahrbahnrand.«

»Aha, interessant. Kleine oder große Notdurft?«

»Eher wasserfallartig.«

»Also kleine Notdurft. Der Zeuge Waldemar, der ihr Autokennzeichen notierte, hat ausgesagt, daß Ihr Fernbleiben zirka zehn Minuten betrug. Ist das korrekt?«

Curd runzelte die Stirn. »Ich habe nicht auf die Uhr geschaut. Könnte sein. Warum?«

»Warum?« Der Richter schlug wütend mit der Hand auf den Tisch. »Weil das festgestellte Fernbleiben weit über das hinaus geht, was üblicherweise für die Verrichtung einer kleinen Notdurft zu veranschlagen ist. Damit liegt kein rechtfertigender Notstand mehr vor. Sie haben Ihren Wagen vorsätzlich in einem Landschaftsschutzgebiet abgestellt und müssen bestraft werden.«

Curd versuchte die Notbremse zu ziehen: »Ich wußte gar nicht, daß sich dort ein Landschaftsschutzgebiet befindet.«

»Spielt keine Rolle«, entgegnete der Richter. »Das Fehlen der Einsicht, etwas Unerlaubtes zu tun, bedeutet nicht, daß Ihnen die Vorstellung gefehlt hat, die Handlung könne als Verstoß gegen eine Vorschrift mit Geldbuße oder Strafe bedroht sein. Habe ich mich klar genug ausgedrückt?«

»Ehem, wie soll ich sagen, nicht direkt ...« druckste Curd herum.

»Papperlapapp. 50 Euro Geldbuße. Die Verhandlung ist geschlossen.«

»Wer wider den Wind brünzt, kriegt nasse Hosen«, sagt das Sprichwort.

Das Ende von Dr. Jekyll und Mr. Hyde

Der 35jährige Bauarbeiter Björn war im nüchternen Zustand ein herzensguter Mensch und lammfromm. Doch sobald nur wenige Promille in seinen Adern kreisten, verwandelte er sich von Dr. Jekyll in Mr. Hyde. Er wurde dann jähzornig und gewalttätig bis zum Exzeß. Jeder, der irgendwie konnte, ging ihm dann aus dem Weg, weil mit ihm nicht gut Kirschen essen war. An einem Freitagabend in einer bitterkalten Februarnacht gab es nach einem Gaststättenbesuch Streit mit seiner Ehegattin Marina. Björn war stark angetrunken und wollte mit 2,2 Promille noch Auto fahren. Marina weigerte sich, in den Wagen einzusteigen. Björn schlug sie nieder. Seine Frau rappelte sich auf und lief davon. Ihr Mann verfolgte sie, verlor sie aber in der Dunkelheit aus den Augen.

Um 0.45 Uhr klingelte Björn bei seiner Schwiegermutter Sturm. Ingelore drückte den Summer für die Haustür. Der Betrunkene stürmte in dem Mehrfamilienhaus hinauf bis in den zweiten Stock und trat ohne Vorwarnung die Tür ein. »Wo ist die Schlampe?!« schrie er wie von Sinnen.

Seine völlig verängstigte Schwiegermutter stand im Nachthemd vor ihm und rief aufgeregt: »Beruhige dich bitte, Marina ist nicht hier!«

»Du lügst. Du weißt, wo sie ist. Bring mich zu ihr, oder ich mache dich kalt«, brüllte Björn. Er packte sie an den Haaren und zog sie hinter sich her.

In diesem Moment kam Gotthard, der Lebensgefährte von Ingelore, aus dem Schlafzimmer gehumpelt. Gotthard war 66 Jahre alt und stand wegen eines Bandscheibenleidens und einer chronischen Handgelenksarthrose unter dem Einfluß von starken Schmerzmitteln. »Was ist hier los?« fragte er zaghaft.

Björn versetzte ihm einen heftigen Stoß gegen die Brust.

Gotthard fiel hin und knallte mit dem Hinterkopf gegen den Garderobenständer. Eine Weile blieb er völlig benommen am Boden liegen. Als er wieder zu sich kam, hörte er Geschrei aus dem Treppenhaus. Björn hatte Ingelore vor der Tür zu Fall gebracht und schleifte sie nun rücklings die Stufen hinunter. Sie schrie vor Schmerzen. Um sie ruhig zu stellen und ihren Widerstand zu brechen, versetzte ihr Björn mehrere Fußtritte.

Gotthard schleppte sich ins Schlafzimmer und holte aus seinem Nachttisch einen kleinen Trommelrevolver. Als er ins Treppenhaus kam, hatte Björn seine Schwiegermutter bereits bis auf das Podest zwischen Parterre und erster Etage gezerrt. Ihre nackten Beine lagen noch auf der Treppe nach oben. Das Nachthemd war ihr bis zur Brust nach oben gerutscht.

Gotthard richtete den Trommelrevolver auf das Gesicht des Wüterichs und drückte mehrmals ab. Dreimal gab es nur ein leises Klicken, weil die Kammern leer waren. Björn grinste.

Beim vierten Mal löste sich ein Schuß. Der Revolver war mit einer einzelnen Patrone geladen gewesen. Die Kugel traf Björn unmittelbar unterhalb der Nase, durchschlug den Rachenraum und blieb im dritten Halswirbel stecken. Der Bauarbeiter brach zusammen und starb kurz darauf.

Gotthard wurde zunächst wegen fahrlässiger Tötung verurteilt. Doch die nächste Instanz hob das Urteil auf: »Der Angeklagte war mit seiner Lebensgefährtin in seiner eigenen Wohnung angegriffen worden. Beide befanden sich in einem auch vom Grundgesetz her besonders geschützten Bereich. Der Angreifer hatte sich durch Eintreten der Tür Zutritt verschafft. Nach § 33 Strafgesetzbuch wird nicht bestraft, wer als Verteidiger aus Verwirrung, Furcht oder Schrecken die Grenzen der Notwehr überschreitet.«

Spaziergang auf dem Lande

Ludwig und Volkhart, zwei Freunde und Stadtmenschen mittleren Alters, beschlossen an einem warmen Frühlingstag eine Landpartie zu unternehmen. Für den Ausflug stellte Ludwig seinen Pkw zur Verfügung, weil er Hundehalter war und seinen vierbeinigen Liebling Arko, eine geruchsintensive und stark haarende Promenadenmischung aus Pudel und Foxterrier, mitnehmen wollte.

Nachdem die beiden Herren die City verlassen und sich an den idyllischen Alleen sattgesehen hatten, begann sie der Durst zu plagen. Am nächstbesten Landgasthof hielten sie an. Volkhart bestellte sich ein Herrengedeck, bestehend aus einem Pils und einem Glas Sekt. Ludwig nahm mit Kaffee und Selters vorlieb. Eine Stunde später und drei Herrengedecke weiter kehrten die Freunde auf die Straße zurück. Sie unternahmen einen Spaziergang durch das Dorf. Am Ortsrand endete die Straße. »Laß uns dort hoch zum Wald gehen«, schlug Ludwig vor. »Dort oben wartet eine Bank auf uns, da können wir rasten.«

Doch der asphaltierte Fußweg schlug einen weiten Bogen und entfernte sich in südlicher Richtung vom sichtbar nahen Ziel. Die Wanderer verließen kurzerhand den Pfad und nahmen eine Abkürzung über einen frisch eingesäten Acker. Volkhart nuckelte zur Stärkung an einem Flachmann. Arko sauste wie von Sinnen hin und her. Ein Hase ergriff entsetzt die Flucht. Das Ende vom Feld begrenzte ein altersschwacher Koppelzaun, dahinter stand eine Vogelscheuche. Volkhart wackelte an einem bemoosten Pfosten. Das morsche Holz brach, die Stangen kullerten über den Acker. »Das scheint eine Art Garten zu sein«, rief Volkhart begeistert und rupfte ein dickes Büschel Petersilie aus.

In diesem Moment bewegte sich die Vogelscheuche und

sprach mit zorniger Stimme: »Sie zerstören Privateigentum. Der Hund ist nicht angeleint, und sie zertrampeln das Saatgut. Ich mache Sie haftbar, wenn Sie nicht auf der Stelle verschwinden!«

Volkhart war verblüfft. Er kniff sein rechtes Auge zusammen und erkannte trotz seines alkolisierten Zustands, daß es sich bei der sprechenden Gestalt mitnichten um eine Vogelscheuche, sondern um einen Waidmann im grünen Rock handelte. Das änderte einiges. Volkhart entgegnete ärgerlich: »Du Pfeife, was schleichst du hier herum und machst den Leuten Angst? Warte, ich gebe dir Saures!« Er streifte sich in eindeutiger Absicht die Ärmel hoch und stolperte mit Drohgebärden auf sein Gegenüber zu.

Für den Jagdpächter Samuel wurde es Zeit, Fracksausen zu bekommen. Sein unwillkommener Gesprächspartner war einen Kopf größer als er, etwa zehn Jahre jünger und mindestens zehn Kilo schwerer. Samuel machte einen Rückzieher und ließ für alle Fälle die doppelläufige Schrotflinte vom Rücken gleiten.

Volkhart bemerkte das Manöver und wurde richtig wütend: »Du Strolch willst auf mich schießen? Ich schlage dir die Fresse ein, du Arschgesicht!«

Samuel trug klobige Stiefel, die eine rasche Flucht unmöglich machten. Er stolperte nach hinten und sah verzweifelt in Richtung von Ludwig. Doch der machte keine Anstalten, ihm zu helfen.

Das Gesicht des Angreifers hatte sich zu einer wütenden Fratze verzerrt. Haß loderte aus seinen Augen. Rumms, da spie die Flinte Feuer, ein Donnerschlag ertönte. Der Jagdpächter hatte einen Warnschuß in die Luft abgegeben. Ludwig und Arko erstarrten zu Salzsäulen. Nur Volkhart nicht. Er gab unartikulierte Wutlaute von sich. Schaum trat ihm vor den Mund. Er ballte die Fäuste und stürmte vor. Der zweite Schuß traf seine Brust. Die Schrotladung fällte ihn wie einen Baum. Noch bevor er auf dem Boden aufschlug, war er tot.

Der Jagdpächter Samuel mußte sich vor Gericht verantworten. Doch er wurde freigesprochen. Die Richter billigten ihm Notwehr zu: »Der Einsatz einer Schußwaffe darf nur das letzte Mittel der Verteidigung sein. Aber nach Lage der Dinge wäre ein weniger gefährliches Verteidigungsmittel nicht in Betracht gekommen. Das Notwehrrecht des Angreifers ist eingeschränkt, wenn er selbst durch ein ihm von Rechts wegen vorwerfbares Verhalten zu der für ihn entstandenen Notwehrlage beigetragen hat. Der Angeklagte durfte den ihm körperlich überlegenen Angreifer, dessen Attacke er nicht mehr ausweichen konnte, von Tätlichkeiten wirksam abhalten. Ein weiterer Warnschuß war zur Abwehr der zu erwarteten Schläge nicht geeignet, weil sich der Geschädigte schon durch den ersten Warnschuß nicht hatte beeindrucken lassen und der Angeklagte ohne Munition dem stärkeren Angreifer hilflos ausgeliefert gewesen wäre.«

Vor Nachahmungen wird in jedem Fall dringend gewarnt: Ein anderer Richter hätte möglicherweise anders geurteilt, und aggressive Spaziergänger wissen nun, was ihnen im schlimmsten Fall blühen kann.

Parkplatz, Persönlichkeitsrecht, Radarfalle, Raub

Folge eines geringfügigen Höhenunterschiedes

Hausputz ist bekanntlich die Voraussetzung deutscher Gemütlichkeit, der nur den Nachteil hat, daß er ein Heim vorübergehend unbewohnbar macht. Hausfrau Hildegard, eine kompakte Dame Anfang Fünfzig, war beim Schrubben und Wienern ganz in ihrem Element. Alles mußte spiegeln und glänzen, nirgendwo durfte ein Stäubchen liegen. Ihr Haushalt wäre perfekt, wenn Männe nicht für ständiges Chaos gesorgt hätte. Er verrückte gar zu gerne die hübsch arrangierten Sofakissen, indem er sich zum Fernsehgucken auf die Couch fläzte, anstatt sich auf einen Stuhl zu setzen. Männe nahm auch die guten Kristallgläser aus dem Schrank, denn die praktischen Plastikbecher waren ihm nicht gut genug. Und wenn Männe im Winter auf dem Balkon rauchte, pustete er immer den Qualm durch die Türritzen. Doch das ist eine andere Geschichte.

An einem schönen, warmen und trockenen Vormittag machte Hildegard Besorgungen. Sie zerrte einen bereits wohlgefüllten Rolli (auch Rentner-Rolls-Royce genannt) hinter sich her. In der linken Hand trug sie trotz des wolkenlosen Himmels einen Regenschirm, denn man konnte nicht vorsichtig genug sein.

Hildegard hatte ihre lange Einkaufsliste bereits fast völlig abgehakt. Nun stand nur noch ein Besuch beim Bäckermeister Sieverkropp auf dem Programm. Auf dem Weg dorthin verließ die resolute Hausfrau den Bürgersteig und überquerte stürmischen Schritts den privaten Parkplatz vom Metzger Klaas, um ein paar Meter abzukürzen. In diesem schicksalhaften Moment trat Nachbarin Elsbeth aus dem Bäckerladen. Da seit dem letzten Informationsaustausch bereits einige Stunden vergangen waren, hob Hildegard den Regenschirm in die Luft und winkte, um die Gesprächspartnerin auf sich aufmerksam zu machen.

Auf diese Weise übersah sie ein Rohrende, das aus unerfindlichem Grund zwei Zentimeter hoch über das Betonverbundpflaster des privaten Parkplatzes des Fleischermeisters ragte. Die Hausfrau stolperte. Höchstwahrscheinlich wäre nichts passiert, wenn sie den Rolli losgelassen hätte. So aber stürzte sie in gebückter Körperhaltung nach vorn, bis ein Rad des Rollis an dem Rohr hängenblieb. Der Rückschwung kugelte ihr den rechten Arm aus. Hildegard kreischte und machte eine elegante Rolle seitwärts, die von einem zweiten Aufschrei unterbrochen wurde, als sie sich prätentiös die Schirmspitze in den Oberschenkel rammte.

Nachdem sie aus dem Krankenhaus entlassen worden war, forderte sie 5.000 Euro Schmerzensgeld von Metzger Klaas, weil er auf dem Parkplatz seine sogenannte Verkehrssicherungspflicht verletzt hatte.

Das Gericht urteilte: »Die Klägerin hat die als privaten Parkplatz gekennzeichnete Fläche nur deshalb überqueren wollen, um den Weg zum Bäcker abzukürzen. Hierzu bestand keine Notwendigkeit. Außerdem lag keine Verkehrseröffnung vor. Das bloße Dulden eines Verkehrs – Überquerung der privaten Parkfläche durch Fußgänger – begründet noch keine Verkehrseröffnung. Ohnehin muß ein Passant geringfügige Höhenunterschiede von zwei Zentimetern hinnehmen. Ein so geringfügiger Höhenunterschied kann nicht als verkehrsgefährdend angesehen werden.«

Hildegard hätte es wissen müssen. Schließlich ist ein Parkplatz eine Autoabstellfläche, in der man sich Kratzer im Lack holt.

Enge Parkplätze und sichere Autos

Verkehr ist der Versuch, immer mehr Wagen auf immer engerem Raum in Bewegung zu halten. Manchmal mißlingt der Versuch. Korinna, ein 24jähriges schmächtiges Persönchen, hatte sich an einem frostigen, eisglatten Vormittag im Februar den großen Jeep ihres Bruders geborgt und war damit vom Dorf in die Stadt zum Frisör gefahren. Nach einer guten Stunde trat sie mit neuem Haarschnitt, frisch gewaschen, geföhnt und gesprüht, hinaus in die Kälte und schrak zusammen. Auf dem vorher fast leeren Parkplatz standen inzwischen die Pkw kreuz und quer. Mißmutige Autofahrer im Konvoi umrundeten den Platz auf der vergeblichen Suche nach einer freien Stellfläche.

Mit hölzernem Schritt stakste Korinna zu dem Jeep, kletterte hinein, startete und versuchte den riesigen Geländewagen aus der engen Parklücke zu lavieren. Sie sah nach links, sie rutschte nach rechts, die Schaltung ruckelte, das Gaspedal klemmte, und der gewaltige Motor grollte wie ein wütender Bär. Die Scheiben und der Rückspiegel beschlugen. Der Jeep schlingerte, er verfehlte einmal den Pkw links um wenige Zentimeter und rückte dann an das Auto rechts auf Löschblattstärke heran. Korinnas Deodorant versagte. Der Schweiß floß ihr in Sturzbächen den Rücken hinunter und die Fönwelle löste sich auf. Passanten blieben stehen und beobachteten mit offenen Mündern das seltsame Schauspiel.

Doch dann, Sekunden später (für Korinna waren inzwischen Stunden vergangen), rollte der Jeep im akkuraten Halbbogen aus der schmalen Parklücke auf den Mittelgang. Die junge Frau stöhnte erleichtert auf und gab Gas. Zuviel für die Unmengen an Pferdestärken unter der Motorhaube. Der Jeep bockte wie ein wilder Stier und krachte volle Pulle gegen einen französischen Kleinwagen links hinten auf der anderen Seite. Dem Jeep war nichts passiert. Von Kleinwagen lagen einige überflüssige Teile auf dem Asphalt herum. Korinnas Augen weiteten sich auf Tellergröße. In ihrem Kopf leuchtete die rote Paniklampe. »Fort! Fort!« schrie eine innere Stimme hysterisch. Mit quietschenden Reifen raste der Geländewagen davon und ließ das Publikum staunend zurück.

Nachmittags um zwei fuhr Korinna zur Polizei und erstattete Selbstanzeige. Zu spät. Einige Tage später bekam sie einen Gerichtsbeschluß zugestellt. Darin hieß es, daß ihr wegen des Verdachts auf unerlaubtes Entfernen vom Unfallort die Fahrerlaubnis vorläufig entzogen werden würde.

Der vorläufige Entzug dauerte ein Jahr. An einem frostigen, eisglatten Vormittag im Februar fand die Gerichtsverhandlung statt. »Durch ihr Verhalten hat sich die Angeschuldigte als ungeeignet zum Führen von Kraftfahrzeugen erwiesen«, stand in der Anklageschrift. Die Staatsanwältin hatte sich gut vorbereitet. Sie war jung, hübsch und vertrat wohl den ersten Fall vor Gericht. Der Richter war alt, mürrisch und hatte schon alle Ausreden gehört, mit denen sich ertappte Verkehrssünder zu verteidigen versuchten. Die beiden waren sich einig. Sie wollten keinen Pardon geben. Aber in diesem Fall entsprach die Angeklagte nicht dem Bild des skrupellosen Straftäters. Eine gute Stunde später, nachdem sie Korinnas Geschichte gehört und mehrere Zeugen befragt hatten, brummte der Richter deshalb mißmutig: »Wir wollen noch einmal Gnade vor Recht ergehen lassen. Sie bekommen die Fahrerlaubnis zurück und müssen 500 Euro bezahlen. Aber ich will Sie nie wieder in meinem Gerichtssaal sehen. Verstanden?«

»Verstanden«, erwiderte Korinna mit zitternder Stimme. Sie wird ab sofort nur noch sichere Autos benutzen. Das sind Autos, die nicht schneller fahren, als ihre Fahrerin denkt.

Die Königin der Tagediebe

Die blondgelockte Carola, eine 27jährige Betriebswirtin, nahm am 1. April eine Arbeit als kaufmännische Angestellte in der Redaktion der XYZ-Anzeigenzeitung an. Dieser Aprilscherz blieb nicht ohne Folgen: Im Juni wurde die junge Frau schwanger. Als Chefredakteur Benedikt davon erfuhr, verdrehte er die Augen und schlug das Kreuzzeichen. Ihm schwante nichts Gutes. In der Redaktion gab es nur sechs festangestellte Mitarbeiter. Nach langen und erbitterten Kämpfen mit der Verlagsleitung war es ihm gelungen, Carolas Planstelle genehmigt zu bekommen. So wie es nun aussah, würde er bald wieder an der Rechenmaschine kurbeln, und zwar nach Feierabend.

Benedikts Vorahnung sollte sich bewahrheiten. Ab August meldete sich die werdende Mutter häufig krank und blieb dann wochenlang den muffigen Redaktionsstuben fern. Benedikt intervenierte beim Verlagsleiter, und am 10. Oktober erhielt Carola schließlich die fristlose Kündigung. Prompt erhob sie beim Arbeitsgericht Kündigungsschutzklage.

Einige Tage später machte es sich die schwerkranke Betriebswirtin morgens um zehn in ihrer Wohnung beim Frühstück gemütlich. Auf dem Tisch dampfte der frischgebrühte Bohnenkaffee, im Bastkörbchen dufteten warme Bäckerschrippen, und der eisgekühlte Orangensaft ließ das Glas beschlagen. Die neueste Ausgabe der XYZ-Zeitung lag zur anregenden Lektüre griffbereit. Auf der Titelseite konnte Carola den folgenden lustigen Artikel lesen: »Die faulste Mitarbeiterin Deutschlands!

In drei Monaten nur drei Tage gearbeitet. Sie könnte die Königin der Tagediebe sein. Jetzt ruft sie das Arbeitsgericht an. Es soll ihr zu allem Unrecht noch helfen, ihre Faulheit zu unterstützen. Zunächst waren es nur Erkältungskrankheiten, und plötzlich war es ein Baby. Von wem, weiß sie wohl selbst nicht. Und Carola K. ging immer wieder reiten. Ja, auf dem Pferd, ganz oben, hopidihop, ohne Rücksicht auf das Baby. Carola K. reitet immer noch. Trotz Schwangerschaft. Sie ist putzmunter, obwohl sie ihr seniler Arzt noch immer wochenlang erneut krank schreibt. B.«

Carola stieß spitze Schreie aus und rannte ins Badezimmer, um ihr Gesicht zu benetzen. »Jetzt ist Schluß mit lustig!« drohte sie mit erhobener Faust. Anschließend setzte sie sich ins Auto und fuhr zu einem Anwalt.

Als Benedikt die Klage zugestellt bekam, erwiderte er nur wenige Sätze, die in der Kernaussage gipfelten: »Ich berufe mich auf die Pressefreiheit gem. Artikel 5 Absatz 1 Grundgesetz.«

Der Richter meinte, daß der Chefredakteur die Grenzen der Pressefreiheit bei weitem überschritten habe: »Der Beklagte hat mit der von ihm zu vertretenden Presseveröffentlichung das Persönlichkeitsrecht der Klägerin schwer verletzt, unabhängig davon, ob gewisse Fakten, wie z.B. das Ausreiten während des ›Krankfeierns‹ zutreffen oder nicht. Insbesondere bestand keine sachliche Berechtigung, beiläufig zu bezweifeln, ob die Klägerin den Erzeuger des erwarteten Kindes kennt. Speziell die Arbeitskolleginnen der Klägerin haben gewußt, daß die angeblich arbeitsscheue Carola K. in Wahrheit die Klägerin sein soll.« Benedikt wurde dazu verurteilt, 2.000 Euro Schmerzensgeld zu bezahlen. Den Beitrag darf er nicht noch einmal abdrucken, sonst wird es richtig teuer für ihn.

Seine zweite Abreibung bekam Benedikt vom Verlagsleiter: »Über den Inhalt will ich gar nicht reden. Aber der Stil des Artikels ist so grottenschlecht, daß es einen Hund jammert!«

Der Sponsor der Freiwilligen Feuerwehr

Ingmar, ein 35jähriger Mathematiklehrer, wohnte in einem Dorf nahe einer Großstadt. Dadurch konnte er beides genießen: das ruhige Landleben und – nach kurzer Autofahrt – die vielfältigen Freizeitangebote der Metropole. Doch alles Gute ist bekanntlich nie beisammen. Um das Landleben auch weiterhin ruhig zu halten und gleichzeitig die chronisch leeren Gemeindekassen aufzufüllen, hatte die Verwaltung einen mobilen Blitzer angeschafft. Das war ein harmlos wirkender Pkw mit eingebauter Radarfalle, der an wechselnden Stellen des Ortes auf »Kundschaft« lauerte.

Nach wenigen Wochen hatte sich die neue technische Errungenschaft in der Umgebung herumgesprochen. Im Dudelfunk warnten die Moderatoren in den Verkehrsnachrichten alle motorisierten Hörer ständig vor der gefährlichen Strecke. Der Erfolg war verblüffend. Die Zahl der Raser nahm (jedenfalls tagsüber) rapide ab, und die Freiwillige Feuerwehr war zu einem neuen Löschfahrzeug gekommen, das teilweise aus den eingenommenen Ordnungsgeldern finanziert worden war.

Ingmar gehörte ein großer Teil des Feuerwehrautos, jedenfalls theoretisch. Das lag daran, daß er in einer Senke wohnte, direkt hinter dem Dorfkindergarten, wo die Geschwindigkeit auf 30 km/h begrenzt war. Obwohl er wußte, daß sich dort die Lieblingsstelle des Blitzers befand, tappte er andauernd in die Radarfalle, weil er häufig in Gedanken war und seinen Pkw den Berg hinunter ausrollen ließ. Ingmar hatte wütende Briefe an die Verwaltung sowie den Bürgermeister geschrieben und es einmal sogar auf einen Gerichtsprozeß ankommen lassen. Vergeblich. Am Ende hieß es für ihn stets »Zahlemann & Söhne«.

An einem schönen Maientag brauste Ingmar mit seinem

Auto in die große Stadt, als er sah, wie ein Polizist am rechten Straßenrand eine Videokamera installierte. Der Mathematiklehrer schlußfolgerte messerscharf, daß hier eine weitere Abzockstation errichtet werden sollte. Der Polizist drehte ihm den Rücken zu, nur das Kameraauge blinzelte in seine Richtung. Ingmar handelte spontan und impulsiv. Er steckte ihm die Zunge heraus und hob den sogenannten Effe-Finger. Was der Lehrer nicht wußte: Es gab einen zweiten Polizisten. Der saß in einem Transporter unweit der Kamera, justierte im selben Moment einen Monitor und fühlte sich durch die eindeutige Gestik und Mimik angesprochen. Die Richter vom Verkehrsgericht sahen das ganz genauso: »Es macht keinen Unterschied, ob ein Verkehrsteilnehmer den Stinkefinger gegen einen Polizeibeamten erhebt, den er sehen kann, oder ob er über ein Medium mit ihm verbunden ist, hier über eine Videokamera.«

Ingmar mußte eine Geldstrafe in Höhe von 600 Euro zahlen. Er ist nun in die Freiwillige Feuerwehr seiner Gemeinde eingetreten. Wenn er schon das Löschfahrzeug zum größten Teil mitfinanziert hat, will er wenigstens ab und zu einmal ein Stück damit fahren dürfen.

Der Räuber mit dem Zündplättchencolt

Bekanntlich wird demnächst das Geld abgeschafft. Manche Leute haben schon jetzt keines mehr. So wie der 20jährige Stephan und der 22jährige Dominic. Stephan besaß die Gabe, komplizierte Sachverhalte einfach ausdrücken zu können. Er sprach zu Dominic: »Eh Mann, wir brauchen Kohle!«

»Genau«, pflichtete ihm sein Kumpel bei. »Hast'n Plan, Alter?«

Diese Frage war genaugenommen unsinnig, da Stephan eindeutig der Jüngere von beiden war. Trotzdem antwortete dieser: »Lesen bildet unjemein. Kiek ma in die Zeitung hier. Da schteht jeschrieben, det der Koofmich-Laden, dieser Supamarkt für Arme, morgen Computer verkaufen tut. Die nehmen aber nur Bargeld.«

»Na und?«

»Wir jehn hin und ziehen einen von die reichen Typen ab. Mit 'ner Knarre.«

Gesagt, getan. Am nächsten Tag, einem Mittwoch, kreuzten Stephan und Dominic frühmorgens auf dem Parkplatz vor der Lebensmittelhalle auf, die diesmal als wöchentliches Sonderangebot preisgünstige Computer führte.

Stephan war schwer bewaffnet. Er hielt eine blauweiße Plastiktüte in der Hand, in der sich ein Zündplättchen-Trommelrevolver mit der Aufschrift »Robert Adams Ideal Modell« befand.

Nach einer Weile näherte sich eine schwarze Limousine mit einem Schlipsträger am Steuer. Stephan postierte sich vor der Fahrertür, riß den Spielzeug-Colt aus der Tüte und sprach mit tiefer Gangsterstimme: »Geld oder Leben.« Dominic stand daneben und untermalte den kurzen Monolog mit passenden Gesten in der Gebärdensprache.

Der Mann im Auto hieß Bengt. Er war 33 Jahre alt und von Beruf Diskothekbetreiber. Er ging fünfmal wöchentlich ins Fitneßstudio und besaß den schwarzen Gürtel einer unaussprechlichen asiatischen Kampfsportart. Außerdem war er stinksauer, weil seine Freundin Elke ihn verlassen hatte. Diese negativen Emotionen bestimmten das weitere Handeln von Bengt. Er öffnete die Tür einen Spalt weit, rutschte zur Seite und trat mit voller Kraft dagegen. Stephan wurde am Kopf und zwischen den Beinen getroffen. Er wachte erst wieder im Krankenhaus auf. Dominic gab Fersengeld, aber bereits am Parkplatzrand packte ihn eine Hand aus Stahl am Schlafittchen.

In der Gerichtsverhandlung wurde Stephan zu einer zweijährigen Haftstrafe verurteilt, Dominic kam mit 14 Monaten auf Bewährung davon. Der Richter erläuterte, weshalb: »Die Tat war kaltblütig, brutal und für einen zwanzigjährigen Angeklagten ungewöhnlich. Einen Menschen mit dem Tode zu bedrohen, ist eine schwere Gewalttat. Eine Gefängnisstrafe war schon aus erzieherischen Gründen geboten. Bei dem Komplizen fiel der Tatbeitrag viel geringer aus.«

Al Capone soll einmal zum Thema gesagt haben: »Man kann Leute mit Worten überzeugen, man kann auch Leute mit Waffen überzeugen. Am besten und schnellsten überzeugt man sie aber mit Worten und Waffen.« Jeder weiß, wie das Narbengesicht endete. Stephan hätte es also lieber bei Worten belassen sollen wie: »Haste ma nen Euro?«

Rauchen, Räuber, Rauschgift, Rechtsradikale, Reisen

Wer wird denn gleich in die Luft gehen?

Vor Gericht in unserem Land sind alle Menschen gleich, unabhängig vom Umfang ihrer Brieftasche. Damit selbst die ganz Dünnen die Möglichkeit haben, ihre vermeintlichen oder tatsächlichen Rechte einzuklagen beziehungsweise zu verteidigen, gibt es die sogenannte Prozeßkostenhilfe. Wem sie gewährt wird, braucht weder Gerichts- noch eigene Anwaltsgebühren zu bezahlen. Damit aber das Prozessieren nicht zum neuen Hobby der Armen wird, muß der Antragsteller (ähnlich wie im Märchen) zwei Bedingungen erfüllen: Erstens darf sein Einkommen eine bestimmte Grenze nicht überschreiten (in etwa den Sozialhilfesatz), und zweitens muß seine Sache Aussicht auf Erfolg haben. Der Streit um des Kaisers Bart oder der Prozeß um des Esels Schatten wird auf eigene Kosten geführt werden müssen.

Was tun aber die Leute, die zwar etwas mehr als Sozialhilfe beziehen, sich aber deswegen trotzdem kein teures Gerichtsverfahren leisten können? Ihnen gewährt der Staat ein Darlehen, genannt Prozeßkostenhilfe mit Ratenzahlung.

Otfried war solch ein Grenzfall. Seine Gattin Paula

hatte auf einer Billigbusreise ins Ausland einen Kellner kennengelernt, der sie zwecks Aufenthaltsgenehmigung heiraten wollte. Liebe macht bekanntlich blind. Paula jedenfalls mißdeutete die Motive des servilen Lockenköpfchens derart eklatant, daß ihr eine gelbe Armbinde mit drei schwarzen Punkten sehr gut gestanden hätte.

Ehe Otfried erfaßte, wie ihm geschah, stand der freundliche Nebenbuhler mit zwei Koffern vor der Tür. Der Gehörnte wollte nun die Scheidung, das Gericht billigte ihm Prozeßkostenhilfe zu – aber die monatliche Ratenzahlung sollte 45 Euro betragen.

Otfried fand das ungerecht. Er ging zum Psychiater, und der bescheinigte ihm, daß er auf Grund der nervlichen Anspannung unter einer Psychose leiden würde, die ihn zum Kettenrauchen verdammt hätte. Die Sucht verlange täglich 70 bis 80 Zigaretten. Otfried argumentierte: »Meine Nikotinsucht ist krankheitsbedingt. Zigaretten auf Rezept gibt es nicht. Ich muß die Glimmstengel selbst finanzieren. Selbst polnische Zigaretten ohne Steuerbanderole schlagen mit rund 150 Euro monatlich zu Buche. Und damit liege ich unter dem Sozialhilfesatz.«

»Aber, aber, wer wird denn gleich in die Luft gehen? Greifen Sie lieber zur Mohrrübe«, dachten die Richter und setzten sich über das Gutachten hinweg: »Der unsinnige Zigarettenkonsum ist letztlich vermeidbar und darf keinesfalls die Staatskasse belasten.«

Wie schon der EG-Gesundheitsminister sagte: »Rauchen gefährdet die Gesundheit – auch die des Portemonnaies.«

Ich will Spaß, ich will Spaß

Der Richter war sonnengebräunt. Er trug einen gepflegten Schnauzbart mit hochgezwirbelten Enden à la Kaiser Wilhelm und eine frisch gefönte Langhaarfrisur. Mehrere Ringe glänzten golden an seinen schmalen Händen. Von der äußeren Erscheinung her hätte er viel besser als Freizeitkapitän in einen Yachthafen gepaßt. Aber nun saß er in einem düsteren und muffigen Verhandlungssaal und versuchte zu verstehen, was nicht zu verstehen war.

Kyra, die 19jährige Angeklagte, trug ebenfalls Metall an ihrem Körper. In ihrem gut sichtbaren Bauchnabel, an ihrem linken Nasenflügel und an beiden Ohren glitzerte es silbern. Ihre blondgefärbten, kurzgeschnittenen Haare waren am Hinterkopf aufgetufft. »Entenarsch« sagt der Volksmund zu dieser Frisur. Kyra war braun, so braun wie der Richter. Doch ihre Bräune schien eher dem Inhalt kosmetischer Tuben geschuldet als den Strahlen der lieben Sonne.

Der Richter faßte zusammen, was er bereits in Erfahrung bringen konnte: »Sie haben vorzeitig die Schule verlassen und gehen seitdem keiner geregelten Beschäftigung nach. Was wollen Sie einmal werden?«

»Weeß ick doch nich«, erwiderte Kyra. Und jedem im Raum war klar, daß sie in diesem Moment die Wahrheit sagte. Die Eltern des Mädchens saßen als Zuhörer hinten an der Wand. Sie faßten sich verschreckt an den Händen, als sie diese entwaffnende Antwort hörten.

Kyra verfügte noch über reichlich Babyspeck. Sie zeigte ihn offen in der textilfreien Zone oberhalb des aus der weißen Jogginghose lugenden Tanga-Slips und rings um ein zipfeliges Büstier. Der Richter betrachtete mißbilligend diesen radikalen Angriff auf seinen guten Geschmack. Am liebsten hätte er wohl die Angeklagte mit seiner Robe verhüllt, aber das ließ die Geschäftsordnung nicht zu.

»In insgesamt 16 Fällen sollen Sie Kinder und Jugendliche ausgeraubt haben, teilweise gemeinschaftlich handelnd mit anderen Tätern. Stimmt das?«

»Nich jeraubt. Bloß abjezogen.«

»Weshalb?«

»Weeß ick doch nich.«

»Brauchten Sie Geld?«

»Nee, det war nur Spaß.«

Der Richter lief rot an. Er preßte Daumen und Zeigefinger seiner rechten Hand auf die Nasenwurzel und versuchte sich in autogenem Training. Nachdem er sich wieder gefaßt hatte, hakte er nach. »Einige ihrer Opfer waren erst elf und zwölf Jahre alt. Sie bekamen Todesangst, als sie ein Messer am Hals spürten. Und das bezeichnen Sie als Spaß?«

»Ick hätte denen nie wat jetan.«

»Mehrere Zeugen haben ausgesagt, sie seien von Ihnen geschlagen worden?«

»Nur jebufft. Det war janüscht. Wie schon jesacht, det war nur Spaß.«

In diesem Moment stand für den Richter das Strafmaß fest. Das konnte man an seinen Augen sehen. Sein Blick veränderte sich nicht mehr, obwohl die Verhandlung noch lange Zeit dauerte. Das Urteil lautete am Ende auf zweieinhalb Jahre ohne Bewährung.

Kyra begann zu weinen. Ihre Eltern sprangen auf und schnappten nach Luft. Sie wenigstens ernteten mitleidige Blicke.

Der 40jährige Eckhard, genannt Ecki, war der Traum jeder Schwiegermutter: Er rauchte nicht, fluchte nicht, trank keinen Alkohol, hatte als Hausmeister zwar kein üppiges, dafür aber ein sicheres Einkommen und wohnte noch zu Hause. Mietfrei, versteht sich. Töchter von Schwiegermüttern wissen jedoch, daß es kein Licht ohne Schatten gibt.

Eckis Handikaps bestanden in einem Kugelbäuchlein, einer ständig auf die Nasenspitze rutschenden Brille und einer mehr als schlichten Gemütsverfassung. Er gehörte zu jener Sorte Mensch, die des Nachts eine Kerze anzünden, um nachzuschauen, ob das Licht gelöscht ist.

Aber selbst Eckhard hatte Bedürfnisse, die darüber hinausgingen, sich abends mit Mutti eine Talkshow im Fernsehen anzuschauen. In einem Lied der »Ersten Allgemeinen Verunsicherung« heißt es: »Ist der Massa gut bei Kassa fliegt er schnellstens nach Mombasa«. 1991 reiste Ecki zum ersten Mal nach Kenia und entdeckte, daß dort sogar weiße Massas, die in Deutschland als absolute Ladenhüter gelten, bei der dunkelhäutigen Damenwelt einen hohen Stellenwert genießen. Der Hausmeister fand das Preis-Leistungs-Verhältnis in Ordnung und verbrachte von da an regelmäßig seine Urlaube in dem heißen Land am Indischen Ozean. Er stieg immer im gleichen Hotel ab und freundete sich mit dem deutschen Inhaber an.

Joachim war 1984 nach Afrika ausgewandert und besaß große Erfahrung beim Organisieren von Reiseprogrammen für Touristen mit ganz speziellen Interessen und Bedürfnissen. Doch die instabilen politischen Verhältnisse in Kenia ließen den Urlauberstrom fast versiegen. Joachim kam in finanzielle Schwierigkeiten und mußte sich nach neuen Finanzquellen umsehen. Im Frühjahr 1999 borgte er sich von seinem Stammkunden Ecki 8.000 Deutsche Mark und bat ihn, für ihn eine Postsendung zu verwahren, die alsbald an Eckhards Heimatadresse geschickt werden würde. Die geringe Mühe solle fürstlich belohnt und das Darlehen mit Zins und Zinseszins getilgt werden.

Zurück in Deutschland erhielt der Hausmeister tatsächlich ein kleines Päckchen. Es war in Ulm aufgegeben worden, den Absender kannte er nicht. Er legte es in den Schrank und wartete auf seinen Freund. Einige Tage später erfuhr er, daß Joachim in Italien als Rauschgiftschmuggler verhaftet worden war. Auf Eckis Stirn bildeten sich Schweißtropfen. Er nahm den Karton aus dem Schrankfach und öffnete ihn. Er fand zwei graublaue Plastikwürste von je einem halben Pfund Gewicht.

Die nächsten Stunden verbrachte Eckhard auf der Toilette. Nachdem sich die Brechdurchfälle gelegt hatten, wischte er sich den Angstschweiß von der Stirn und versuchte nachzudenken. Was sollte er tun? Zur Polizei gehen? Das Zeug im Klo herunterspülen? Er hatte, so schien es ihm, die Wahl zwischen Pest und Cholera. Er kannte die Filme im Fernsehen und wußte, wie solche Geschichten auszugehen pflegten. Irgendein finsterer Bursche würde ihm eine Geflügelschere am kleinen Finger ansetzen und mit tiefer Gangsterstimme fragen: »Wo ist unser Eigentum?«

Ecki legte die heiße Ware zurück und wartete ab. Im Dezember 1999 erhielt er einen Anruf von Joachims Sohn. Der Auftrag lautete, die Hälfte der »Süßigkeiten« an eine Adresse in Saarbrücken zu schicken. Eckhard tat, wie ihm geheißen, und übte sich in Geduld. Ein ganzes nervenaufreibendes Jahr lang. Am 05. Dezember 2000 war der Spuk endlich vorbei. Die Kriminalpolizei klingelte und ließ sich zum Versteck des Päckchens führen. Die übriggebliebene Wurst enthielt Heroin von feinster Qualität, genauer gesagt Heroinhydrochlorid. Der Marktwert der gesamten Heroinmenge belief sich auf 1.500.000 Deutsche Mark.

Eckhard erhielt eine Freiheitsstrafe von drei Jahren. Er nahm das Urteil erleichtert und dankbar an. Die Angst vor dem Mann mit der Geflügelschere ist endlich gewichen. In der Untersuchungshaft hat sich Ecki das Rauchen angewöhnt. Die Summe der Laster bleibt eben immer gleich.

Von Messern, Eisenketten und anderen Spielsachen

Leider wissen wir nicht, welche Hobbys der 16jährige Jeremy sonst noch so hatte, aber wir kennen wenigstens einige seiner Lieblingsbeschäftigungen: in Kaufhallen zu stehlen, vor Ausländerwohnheimen zu randalieren und zusammen mit einer Gruppe Gleichgesinnter in den Kampf gegen sogenannte linke Zecken zu ziehen. Jeremy war ein Skinhead. Er trug eine grüne Bomberjacke, schwarze Jeans mit umgekrempelten Hosenbeinen und Springerstiefel mit Stahlkappeneinsätzen. Er war mit Messern, einem Baseballschläger und einer Eisenkette bewaffnet. Die meisten seiner Taten blieben ungesühnt, nur in zwei Fällen ermittelte die Polizei. Es ging um gefährliche Körperverletzung und räuberische Erpressung. Jeremy hatte wahllos mit der Eisenkette zugeschlagen und den wehrlosen Opfern, als sie bereits am Boden lagen, gegen den Kopf und in den Rücken getreten. Bei einer vorübergehenden Festnahme stellten die Polizisten fest, daß seine

Stiefel im Bereich der Stahlkappeneinsätze besonders stark abgenutzt waren.

Gegen Jeremy wurde ein Strafverfahren eingeleitet und ihm parallel dazu untersagt, Springerstiefel mit Stahlkappeneinsätzen zu tragen sowie in der Öffentlichkeit Messer, Baseballschläger und Eisenketten bei sich zu führen.

In vielen Familien ist es so, daß die Eltern nicht wissen, was ihre halbwüchsigen Kinder außerhalb der häuslichen vier Wände tun. Im Fall von Jeremy war das anders. Das liebe Kind berichtete seiner Mutter Patricia über das Verbot, weiterhin mit seinen Spielsachen auf die Straße gehen zu dürfen.

Patricia gehörte zu jenen modernen Eltern, die ihre Kinder nie schlagen – außer in Notwehr. Sie entrüstete sich, denn schließlich leben wir nicht mehr in einem terroristischen Zwangsregime, und tat das Naheliegende: Sie reichte Klage gegen diese unerhörte Verletzung der freiheitlich-demokratischen Grundordnung ein.

Die Richter am Verwaltungsgericht brauchten nicht lange, um bereits das erste Haar in der Suppe zu finden. Das Verbot ging ihnen a priori viel zu weit, denn Messer und Baseballschläger waren bei den betreffenden Straftaten überhaupt nicht zum Einsatz gebracht worden. Wohl wahr, wohl wahr. Allerdings müßte man nach dieser Logik einem betrunkenen Förster, der mit einem Jagdgewehr auf die gute Gattin zu ballern pflegt, solange die persönliche Pistole belassen, ehe er nicht mit dieser ebenso auf Menschen geschossen hat.

Darüber hinaus konnten die Richter keinen vernünftigen Grund erkennen, das Verbot aufrecht zu erhalten: »Eine im Einzelfall bestehende konkrete Gefahr für die öffentliche Sicherheit und Ordnung liegt nicht vor. Im kürzlich durchgeführten Strafverfahren wurde die Strafe zur Bewährung ausgesetzt. Die Strafaussetzung zur Bewährung setzt die Erwartung voraus, daß der Verurteilte sich schon die Verurteilung zur Warnung dienen läßt und künftig auch ohne die Einwirkung des Strafvollzugs keine Straftaten mehr begehen wird.«

Jeremy darf deshalb auch weiterhin Springerstiefel anziehen und Messer, Ketten sowie Baseballschläger bei sich tragen. Aber was werden die weisen Richter sagen, wenn sie einst des nachts nach einem delikaten »Chateau Briand« das Weinhaus am Markt verlassen und zufällig in den dunklen Gassen Jeremy nebst etlichen seiner Freunde begegnen? Vielleicht: »Hallo, Alter, wie geht's? Einen hübschen Baseballschläger trägst du da über der Schulter! Und dein Messer erst, also das sieht echt scharf aus!«

Das Chamäleon

»Godo, wo willst du hin?« rief die Mutter fragend, als sie die Tür vom Kinderzimmer klappen hörte. »Zu einer Silvesterparty bei Ralle«, antwortete ihr 17jähriger Sohn. »Wird dort Alkohol getrunken oder geraucht?« »Nein, Mutti.« »Sind Mädels dort?« »Nein, Mutti.« »Und langhaarige Gammler?« »Nein, Mutti.« »Was tut ihr?« »Wir sehen uns Zeichentrickfilme an.« »Um spätestens halb eins bist du wieder zu Hause.« »Ja, Mutti«, entgegnete der folgsame Sohn und ging los.

Bei Ralle, dessen Eltern zum Jahreswechsel nach Spanien gereist waren, hatten sich etwa 50 Partygäste eingefunden. Tatsächlich befand sich kein einziger langhaariger

Gammler unter ihnen, allerdings ein gutes Dutzend Mädchen mit blond gefärbten Kurzhaar-Ponyfrisuren und viel Metall in Nasen, Zungen und Ohren. Gegen 21 Uhr waren die von den Besuchern der Fete mitgebrachten Six-Packs und Taschenrutscher restlos geleert. Ralle schlug vor, zur fünf Kilometer entfernten Ausflugsgaststätte »Waldkater« zu laufen, weil dort ein Rockkonzert stattfinden würde.

Kurz vor dem Ziel näherten sich mehrere Polizeiwagen mit Blaulicht den Spaziergängern. Einige konnten flüchten. Die meisten wurden festgenommen. Unter ihnen befand sich auch Godo.

Ein Jahr und fünf Monate später stand der inzwischen 18jährige vor Gericht. Der Tatvorwurf lautete auf das »Verwenden von Kennzeichen verfassungsfeindlicher Organisationen in Tateinheit mit Volksverhetzung«. Godo hatte die vergangene Zeit genutzt, sich die Haare wachsen zu lassen und sich einen anthrazitfarbenen Anzug zu kaufen. Sein weißes Hemd war gebügelt, und die schwarzen Halbschuhe glänzten frisch geputzt. Jede Oma hätte sich von ihm mit Freuden die schwere Tasche tragen lassen.

Der Richter am Amtsgericht musterte ihn irritiert. »Sie kennen die schwere Tatvorwürfe. Wollen Sie dazu aussagen?«

»Wollen schon, aber können nicht, Euer Ehren. Ich habe mir nicht das Geringste vorzuwerfen.«

»Sie sollen ein Fahne getragen haben?«

»Daran ist nichts Verwerfliches. Jemand hatte sie mir in die Hand gedrückt. Es handelte sich um die ehemalige Flagge der Marine des Norddeutschen Bundes.«

»War es nicht eher die Reichskriegsflagge?«

»Das ist nur eine andere Bezeichnung für diese Fahne.«

»Aha, interessant. Zeugen wollen die Parolen ›Sieg heil‹, ›Ausländer raus‹ und ›Deutschland den Deutschen‹ gehört haben. Was riefen Sie?«

»Ich? Nichts. Ich habe mich unterhalten und kaum darauf geachtet. Lediglich die Losung ›Hoch die nationale Solidarität‹ drang aus der Ferne an mein Ohr.«

»Genug, das reicht. Sie sind freigesprochen«, befand der Richter.

Seine Kollegen am Oberlandesgericht waren anderer Meinung und hoben das Urteil auf: »Strafbar macht sich, wer zum Haß gegen Teile der Bevölkerung aufstachelt oder zu Gewalt- oder Willkürmaßnahmen gegen sie auffordert. Der Angeklagte hat beide Handlungsvarianten erfüllt. Wegen des Erscheinungsbildes – einige Teilnehmer der Silvesterfeier waren mit Bomberjacken sowie Springerstiefeln bekleidet und trugen kurze Haare – der skandierten Parolen und der mitgeführten Reichskriegsflagge vermittelte die Gruppe den Eindruck eines Aufmarsches von Rechtsradikalen und wurde von Zeugen als gefährlich eingeschätzt. Die Sache wird zur erneuten Entscheidung an das Amtsgericht zurückverwiesen.«

Vom portugiesischen Ziegenbock

Urlaub ist bekanntlich eine anstrengende Beschäftigung, die man erst zu genießen beginnt, wenn sie vorbei ist. Die 35jährige Franka hatte einen (relativ) weiten Weg auf sich genommen, um an ihren Urlaubsort zu gelangen: ein kleines Dorf in der Nähe von Cabo de Sao Vicente, dem südwestlichsten Zipfel Portugals am Atlantischen Ozean. Sie leistete sich einen winzigen knallroten Mietwagen, sauste damit bei 40 Grad im Schatten nach Lagos zum Stierkampf, bestaunte Waldbrände aus nächster Nähe, aß mehr gegrillten Fisch, als jemals zuvor in ihrem Leben, und ließ sich an glühendheißen Stränden dunkelbraun rösten.

In dem Drei-Sterne-Hotel, in dem sie wohnte, ging nach Einbruch der Dunkelheit die Post ab. Poolpartys wechselten sich mit Show-Programmen in der Nachtbar und bunten Abenden auf der Terrasse ab. Franka, zur Zeit solo, ließ nichts anbrennen. Lesen konnte sie auch zu Hause auf dem Balkon. Bei einem Rock'n'Roll-Tanzwettbewerb passierte es. Franka, die bei Überschlägen verborgene Reize offenbarte und wie Elvis Presley mit der Hüften wackeln konnte, hatte sich bereits durch zwei schweißtreibende Vorentscheide gekämpft und befand sich nun mit ihrem Tanzpartner und vier gegnerischen Paaren in der Endrunde. Beim Titel »Good Golly, Miss Molly« löste sich plötzlich aus einer bis dahin neben dem Hotel friedlich auf der Weide grasenden Ziegenherde ein riesiger alter Ziegenbock mit gewaltigen Hörnern. Er sprang über den niedrigen Zaun, sauste wie vom wilden Affen gebissen durch eine Lücke in der Hotelmauer auf die Tanzfläche und nahm Franka aufs Korn. Wahrscheinlich konnte er Little Richard nicht leiden. Der angriffslustige Ziegenbock knallte mit seinem harten Schädel volle Pulle gegen die rechte Hüfte der Tänzerin und schleuderte sie zum letzten Überschlag dieses Abends durch die Luft. Ein ausgekugeltes Bein und Bänderrisse waren nach harter Landung das Ergebnis.

Frankas Abreise erfolgte gut vergipst im Rollstuhl. Zurück in Deutschland forderte sie vom Reiseveranstalter Schmerzensgeld und Schadensersatz für die vertane Urlaubszeit und die entgangene Urlaubsfreude.

Einige Briefe gingen hin und her. Schließlich befaßte sich das Gericht mit dem Hörnerstoß. Die Richter meinten: »Der Vorfall hat nichts mit den Pflichten des Reiseveranstalters zu tun. Ihm ist keine Pflichtverletzung vorzuwerfen. Es handelte sich um einen Zufall, in dem sich das allgemeine Lebensrisiko verwirklichte. Portugal zählt nicht zu den Reiseländern, in denen Urlauber vor landestypisch gefährlichen Tieren geschützt werden müssen. Die Ziegen sind zuvor nicht als aggressiv aufgefallen. Der Vorfall ist nicht anders zu beurteilen, als wenn die Klägerin in Deutschland in einem Lokal von einem nicht angeleinten Hund gebissen worden wäre.«

Damit war klar: Franka hätte den Besitzer des Ziegenbocks verklagen müssen. Doch Portugal ist eines der ärmsten EU-Länder. Außer Spesen wäre nichts gewesen. Franka ließ die Sache auf sich beruhen.

Reparatur, Richter, Schadensersatz, Schriftsteller

Der Schrauber und der Flitzer

Thorsten war ein Schrauber, das heißt, er besaß eine kleine typenoffene Autoreparaturwerkstatt. Eines Tages röhrte der durchzugsstarke Motor einer deutschen Limousine der oberen Mittelklasse vor seinem Fenster. In dem Wagen saß der zweiundzwanzigjährige Götz, ein Flitzer, der an jeder Ampelkreuzung der erste sein wollte.

»Es gibt ein Problemchen, Meister«, sprach Götz, schob die verspiegelte Sonnenbrille zurück in die gegelten Haare und kramte in der Seitentasche seiner zweifarbigen Lederjacke. »Die Mühle ist zu langsam. Ich kann sie treten, wie ich will, sie läuft nicht schneller als schlappe 190 Sachen.«

Thorsten warf einen kurzen Blick auf das Fahrzeug und konstatierte trocken: »Falsche Reifen. Zu breit. Zu gefährlich. Da macht der beste Motor schlapp.«

»Eh Alter, wir sind hier nicht in der Fahrschule«, entgegnete der junge Bursche. »Du hast den Drive. Laß dir was einfallen. Ich drücke auch ordentlich Kohle ab.«

Thorsten runzelte die Stirn. »Ich könnte versuchen, die Einspritzpumpe einzustellen. Ob es was bringt, kann ich nicht versprechen. Wie schon gesagt, die Reifen ...«

»Hör auf zu quatschen, ran ans Werk. Hier sind die Papiere. Die Karre gehört meiner Mutter. Ich darf ab und zu damit rumgurken. Die Rechnung geht zwar auf ihren Namen, aber ich löhne in bar. Alles klaro?«

Thorsten nahm die Fahrzeugschlüssel und die Zulassung in Empfang. Sie lautete auf ein Frau Doktor Sabine, Jahrgang 1949. Ein Geselle machte sich ans Werk, und später unternahm der Meister höchstpersönlich eine Probefahrt. Alles war in bester Ordnung.

Am nächsten Morgen sah die Sache schon ganz anders aus. Das Auto war vom offenen Hof verschwunden. Thorsten ging zur Polizei und erstattete Anzeige. Dann rief er die Halterin an.

»Keine Aufregung. Mein Sohn Götz mußte dringend weg und hat sich den Wagen in aller Frühe geholt«, meinte Doktor Sabine am Telefon.

»Wie das?« wunderte sich der Kfz-Meister. »Zulassung und Schlüssel liegen noch hier.«

»Sind Sie schwer von Begriff? Mit den Zweitschlüsseln natürlich!«

Thorsten schrieb eine Rechnung an Frau Doktor Sabine, mehrere Mahnungen folgten. Geld sah er keines. Schließlich reichte er Klage gegen die Halterin ein.

»Richtig ist, daß ich Eigentümerin des Fahrzeugs bin. Unrichtig ist aber, daß ich meinen Sohn beauftragt habe, eine Reparatur durchführen zu lassen«, erwiderte sie.

Das Gericht schloß sich dieser Meinung an. »Zu berücksichtigen ist, daß die Vorlage der Zulassung in erster Linie dem Zweck dient, dem Werkunternehmer die erforderlichen Daten des Fahrzeugs kenntlich zu machen. Hiervon unabhängig ist es aber möglich und auch nicht unüblich, daß derjenige, der das Fahrzeug zur Reparatur bringt und den Auftrag erteilt, Vertragspartner wird.«

Götz, ein mit allen Wassern Gewaschener, der dennoch kein reine Weste hat, blieb der lachende Dritte.

Das Böse schläft nie

Edwin bewohnte ein kleines Häuschen in einer Siedlung fernab der großen weiten Welt. Zu seinem Grundstück führte lediglich eine buckelige Sandpiste, die für Autofahrer nur Schrittgeschwindigkeit erlaubte. Seit langer Zeit forderte Edwin deshalb eine befestigte Straße. Als sie dann endlich da war, mußte er zu seiner größten Verblüffung feststellen, daß Straßenbauer nicht kostenlos für ihn gearbeitet hatten. Die Gemeinde erließ einen Bescheid über die sogenannten Anliegerbeiträge. Edwin sollte 3.000 Euro bezahlen. Er legte dagegen Einspruch ein, dem aber nicht abgeholfen wurde. So kam die Sache vor den Kadi.

Nach Jahr und Tag fand die Verhandlung statt. Das Gericht tagte in großer Besetzung. Vorn am Tisch saßen drei Berufsrichter, flankiert von je einem ehrenamtlichen Richter. Der Prozeß begann an einem schwülwarmen Montag im Juli um 12.48 Uhr, gleich nach dem Mittagessen. Das Thermometer zeigte 35 Grad im Schatten. Die abgestandene Luft im Raum stand still. Ein geschickter Säbelfechter hätte große Stücke davon herausschneiden können. Die Zeit dehnte sich und tropfte in Sekunden, die so lang wurden wie Minuten. Ein Ventilator drehte sich mühsam knirschend taack-taack-taack. Edwin zerschmolz auf seinem Stuhl, tupfte sich unentwegt die schweißnasse Stirn und wünschte sich, er wäre jetzt am Nordpol.

Einem der Beteiligten ging es noch schlechter als ihm. Claudius, der ehrenamtliche Richter auf der linken Seite, hatte eine bewegte Nacht mit sehr viel Alkohol und äußerst wenig Schlaf hinter sich gebracht. Lange Zeit kämpfte er wie ein Mann, kniff sich in die Oberschenkel, biß sich auf die Finger, atmete absichtsvoll ein und aus, rollte mit den Augen, wölbte die Augenbrauen, zupfte sich büschelweise Haare aus der Nase. Es half alles nichts. Irgendwann forderte die Natur ihren Tribut. Claudius klappte zu, was sich klappen ließ und schlief den Schlaf der Gerechten. Der Büroschlaf soll der gesündeste sein. Der Schlaf im Gerichtssaal folgt kurz darauf.

Nach für Edwin qualvollen anderthalb Stunden, um 14.21 Uhr, endete der Termin. Erst viel später, als er unter der eiskalten Dusche stand, wurde ihm bewußt, daß er den Prozeß verloren hatte.

Edwin legte Beschwerde ein. Als Begründung führte er an: »Der ehrenamtliche Richter Claudius war unfähig, der Verhandlung zu folgen, weil er über einen längeren Zeitraum ununterbrochen die Augen geschlossen hatte und – wie durch seine Körperhaltung, nämlich Senken des Kopfes auf die Brust und ruhiges, tiefes Atmen sowie Hochschrecken zum Ausdruck kam – offensichtlich geschlafen hat. Damit war das Gericht nicht ordnungsgemäß besetzt.«

Nun ist einem Richter nichts Menschliches fremd, wie wir wissen. Die nächste Instanz urteilte deshalb: »Aus diesen mitgeteilten Beobachtungen läßt sich noch nicht sicher darauf schließen, daß der bezeichnete Richter tatsächlich über einen längeren Zeitraum geschlafen hat und der mündlichen Verhandlung nicht folgen konnte. Das Schließen der Augen über weite Strecken der Verhandlung und das Senken des Kopfes auf die Brust beweist allein nicht, daß der Richter schläft. Denn diese Haltung kann auch zur geistigen Entspannung oder zwecks besonderer Konzentration eingenommen werden.« Die Beschwerde wurde zurückgewiesen.

Ein andere Begründung wäre viel einleuchtender gewesen. Der ehrenamtliche Richter Claudius hieß nämlich mit Nachnamen Böse. Und das Böse schläft bekanntlich nie.

Der Mann mit der Luftpumpe

Vor genau zehn Jahren, an einem sonnigen Samstag im April, fuhr ein grasgrüner japanischer Kleinwagen die holprige Straße von A-Dorf entlang. Am Steuer saß der 35jährige Roderick, neben ihm hielt seine gleichaltrige Ehefrau Marit einen gut gefüllten Picknickkorb umklammert, und auf der Rückbank lümmelten sich die beiden zehn- und elfjährigen Knaben, Hänschen und Fränzchen. Die Familie wohnte in der Stadt und war zu ihrem Gärtchen unterwegs, das sie sich vor wenigen Wochen für teures Geld am Rande von A-Dorf gekauft hatte.

Roderick besaß zwei linke Hände. Marit hatte von Ackerbau und Viehzucht genausoviel Ahnung, wie ihre 96jährige Oma vom Born'schen Postulat in der Quantenmechanik. Die beiden Buben blickten langweiligen Stunden ohne Fernsehapparat entgegen und schnitten vor Verzweiflung Fratzen. Der Familienvater versuchte, gesunden Optimismus zu versprühen. In seinem Innersten aber fragte er sich verstört, welcher Teufel ihn geritten hatte, freiwillig den Sportteil der Zeitung gegen Hacke und Spaten zu vertauschen.

Seine Überlegungen wurden unterbrochen, als er sich einem vorausfahrenden Fahrradfahrer näherte, der in der Straßenmitte hin und her eierte und damit jegliches Überholen unmöglich machte. Roderick tat das Naheliegende. Er drückte auf die Hupe.

Doch der Radler reagierte völlig anders, als erwartet. Er stoppte, sprang ab und ließ den Drahtesel mitten auf die Fahrbahn fallen. Roderick blieb nichts weiter übrig, als gleichfalls anzuhalten. Haßerfüllte hellblaue Augen in einem unrasierten Gesicht schauten ihn an. Dann krachte es. Der Radfahrer hatte seine Luftpumpe ergriffen und damit auf den japanischen Kleinwagen eingedroschen. Die Motorhaube schien aus Trompetenblech zu sein. Sie verformte sich bizarr. Einer der nächsten Schläge traf die Frontscheibe. Das Glas änderte seinen Aggregatzustand und verwandelte sich in eine Art pieksender Schneekristalle.

Roderick hörte ein merkwürdiges Geräusch. Es drang aus dem Mund seiner Gattin. Die Botschaft lautete: Tu etwas! Im selben Moment beendete der Unhold sein schändliches Treiben, schwang sich auf sein Fahrrad und trat kraftvoll in die Pedale. Roderick stieg aus und schaute ihm wehmütig nach. Um das Autowrack hatten sich mehrere schaulustige Dörfler versammelt. Kein einziger von ihnen kannte den Täter.

»Sieh doch nur, dort liegt eine Brieftasche«, meinte plötzlich Marit, bückte sich und hob ein schmieriges Portemonnaie von der Straße auf. Darinnen steckte ein Personalausweis. Das Lichtbild ähnelte verblüffend dem flüchtigen Radler. Er hieß Karol und wohnte zwei Ecken weiter in einer baufälligen Kate. Als ihn die Polizei einige Tage später vernahm, konnte er sich an nichts mehr erinnern. »Ick war beim Frühschoppen gewesen.«

Die zeitweilige Amnesie schützte Karol nicht vor einer Klage. Seine Opfer forderten 4.000 Deutsche Mark Schadensersatz und für die erlittene Todesangst je Familienmitglied 1.000 Deutsche Mark Schmerzensgeld. Drei Jahre später war die Berufung gewonnen und ein unanfechtbarer Titel über 8.000 Deutsche Mark erstritten. Doch der böse Mann hatte kein Geld.

Roderick ging den Weg bis zum bitteren Ende: Gerichtsvollzieher, Haftbefehl, Offenbarungseid. Auf diese Weise erfuhr er zwei Jahre später, daß sein Schuldner Erbe der Kate geworden war. Allerdings stand Karol noch nicht im Grundbuch. Roderick warf immer mehr gutes Geld schlechtem hinterher. So ging das weitere fünf Jahre lang. Mal fehlte dieses Papier, mal jener Stempel. Die Mühlen der Justiz mahlten langsam. Den japanischen Kleinwagen gab es längst nicht mehr, der Garten war wieder verkauft, und die beiden Buben hatten inzwischen geheiratet. Aber irgendwann stand dann doch die beantragte Zwangssicherungshypothek im Grundbuch.

Dummerweise befanden sich die Bodenpreise im freien Fall. Er hatte vor zehn Jahren begonnen und nahezu seinen Tiefstpunkt erreicht. Deshalb ein verlockendes Angebot: Wer in ruhiger dörflicher Lage ein hübsches Häuschen (Handwerkerobjekt!) günstig haben will, möge sich bitte bei Roderick melden.

Gleichmäßige Verteilung der Unzufriedenheit

Was ist ein Haus? So ein Dingens mit vier Wänden und einem Dach obendrauf? Eine genauere Definition steht im Deutschen Universal Wörterbuch: »Ein Haus ist ein Gebäude, das Menschen zum Wohnen dient.«

Doch das ist nicht genug. Ein waschechter Jurist, der einen Bürgersteig korrekterweise mit »fußläufige Wegebeziehung« und einen Zebrastreifen völlig eindeutig als »Fußgängerquerungshilfe« bezeichnet, verzweifelt bei dieser unexakten Bezeichnung. Da es keinen geraden Weg gibt, nähert er sich dem Thema zunächst über die Erbschaftssteuer-Richtlinien: »Bebaute Grundstücke sind Grundstücke, auf denen sich benutzbare Gebäude befinden.« Doch auch Lagerhallen können benutzbare Gebäude sein. Die abschließende Antwort findet sich deshalb im

§ 17 vom Wohnraumfördergesetz: »Wohnraum ist umbauter Raum, der tatsächlich und rechtlich zur dauernden Wohnnutzung geeignet und vom Verfügungsberechtigten dazu bestimmt ist. Wohnraum können Wohnungen und einzelne Wohnräume sein.«

Was lehrt uns das? Ganz einfach, Bürogebäude sind keine Häuser, weil sie Menschen nicht zum Wohnen dienen. Welche wichtige Rolle auch andere feine Unterschiede im täglichen Leben spielen können, zeigt der folgende Fall.

Bénédict hatte ein Haus aus dem Mittelalter geerbt, das in einem kleinen märkischen Ackerstädtchen am Marktplatz stand. Doch die Bausubstanz war so marode, daß das historische Gebäude abgerissen werden mußte.

Beim Neubau gab es ein Problem. Das dreistöckige Fachwerkhaus vom Nachbargrundstück hatte sich im Laufe der Jahrhunderte zur Seite geneigt. An der Straßenfront ragte es zehn Zentimeter, an der Gebäuderückseite 40 Zentimeter in Bénédicts Grundstück hinein. Dem Bauherrn blieb nichts anderes übrig, als seinen Neubau dem alten Fachwerkhaus stufenförmig anzupassen.

Bénédict redete mit Siegbrecht, dem Eigentümer des Fachwerkhauses, und forderte Schadensersatz. Siegbrecht sprach von Gewohnheitsrecht und der Last der Jahrhunderte.

Bénédict setzte sich an seinen Küchentisch und rechnete. Im Erdgeschoß seines neuen Hauses befanden sich Geschäftsräume, deren Grundfläche hätte 4,03 Quadratmeter größer sein können, wenn das Haus von Siegbrecht nicht in sein Grundstück hineinragen würde. Bei seinen Privaträumen in der ersten Etage betrug der Verlust 2,92 Quadratmeter. Bénédict reichte Klage ein. Er forderte den Ersatz des Nutzungsverlustes für die angeblich erzielbare Miete, Schadensersatz und eine jährliche Rente in Höhe von rund 1.300 Euro.

Die Richter waren, was sehr selten vorkommt, zunächst völlig baff. Im Paragraphen 912 BGB ist nämlich eindeutig geregelt: Hat der Eigentümer eines Grundstücks bei der Errichtung eines Gebäudes über die Grenze gebaut, ist der Nachbar durch eine Geldrente zu entschädigen. Das damit keine 400 Jahre alten Häuser gemeint sein konnten, verstand sich eigentlich von selbst, war vom Gesetzgeber aber tatsächlich auch für die Lösung von Uraltkonflikten vorgesehen worden.

Doch nachdem die Richter eine Weile nachgedacht hatten, fanden sie einen verschlungenen Weg, ganz nach Juristenart. Sie gaben Bénédict eine Aufgabe auf: »Der Kläger ist vortrags- und beweispflichtig für den zur Rentenberechnung maßgeblichen Zeitpunkt. Notfalls muß unter Einschaltung von Sachverständigen festgestellt werden, wann sich das Gebäude über die Grenze geneigt hatte. Es wird nicht verkannt, daß es sogar unmöglich sein kann, den maßgeblichen Zeitpunkt festzustellen. Diese Schwierigkeiten der Sachverhaltsdarstellung sind aber kein zureichender Grund, die gesetzgeberische Grundsatzentscheidung abzuändern.«

Mit anderen Worten: Wenn Bénédict nicht gestorben ist, dann versucht er immer noch den Tag herauszufinden, an dem sich Siegberts Haus einstmals über die Grenze zu seinem Grundstück neigte.

Außer Spesen nichts gewesen

Harry war ein Romanautor. Das hörte sich großartig an, war aber mehr oder weniger eine höfliche Umschreibung für ein Hungerleben. In Deutschland können nur rund drei Prozent der Autoren von ihren Buch-Einnahmen leben. Die restlichen 97 Prozent müssen ihren Lebensunterhalt auf andere Art und Weise verdienen.

Harry ging es nicht besser, eher schlechter. Der Erscheinungstermin seines letzten Werkes, an dem er mehrere Jahre lang gearbeitet hatte, war vom Verlag Monat um Monat verzögert worden. Das dauerte so lange, bis der Schriftsteller die Geduld verlor. Er beauftragte ein Anwaltsbüro, für den entsprechenden Druck zu sorgen und den Verlagsvertrag in die Tat umsetzen zu lassen.

Die Anwälte erfüllten ihren Auftrag perfekt. Doch woran Harry nicht gedacht hatte: Ein Advokat ist ein Mann, der unser Vermögen schützt, damit möglichst viel davon für ihn abfällt. Ganz in diesem Sinne bekam der arme Schriftsteller eine Rechnung präsentiert, die ihn fast in Ohnmacht fallen ließ. Als er nicht sofort bezahlte, hatte er kurze Zeit darauf selbst einen Prozeß am Hals.

Harry versäumte den ersten Gerichtstermin. Gegen ihn wurde ein sogenanntes Versäumnisurteil verhängt. Der Betrag, den zu zahlen er verurteilt wurde, war exorbitant. Der Schriftsteller legte Einspruch ein. Es lohnte sich für ihn. Im nächsten Termin wies das Gericht den weitaus größten Teil der Gebührenfoderung der Rechtsanwälte als überhöht zurück. Der Schuldbetrag wurde auf ein angemessenes und überschaubares Maß reduziert.

Harry überwies das Geld – und bekam von seinen ehemaligen Anwälten eine weitere Rechnung präsentiert. Sie hatten nämlich ein gutes Dutzend von sogenannten Vorläufigen Zahlungsverboten gegen ihn ausgesprochen, mit denen sie dem Verlag untersagten, Honorare an den

Schriftsteller auszuzahlen. Diese Schriftstücke waren über einen Gerichtsvollzieher zugestellt worden. Das dafür ausgelegte Geld und die eigenen Gebühren wollten die Rechtsanwälte nun auch noch haben – insgesamt fast genauso viel, wie die Hauptforderung aus dem eigentlichen Urteil ausgemacht hatte.

Harry studierte drei Tage lang den neuesten Kommentar zur Zivilprozeßordnung. Dann fand er dort einen für ihn wichtigen Satz. Er lautete sinngemäß: Die Kosten für »Vorläufige Zahlungsverbote« sind vom Schuldner nur dann zu tragen, wenn ihnen innerhalb einer Monatsfrist ein Pfändungs- und Überweisungsbeschluß nachfolgt.

Das war im Fall von Harry nicht passiert. Er hatte am Ende die Hauptforderung freiwillig beglichen. Deshalb ging der Schriftsteller mit ruhigem Blut und erhobenen Haupt in die Gerichtsverhandlung, in der über die Kosten der Zwangsvollstreckung entschieden werden sollte. Aber Harry hatte die Rechnung ohne den Richter gemacht. Der sagte nämlich: »Der Kommentar zur Zivilprozeßordnung interessiert mich nicht. Er gibt nur die unmaßgebliche Meinung des Autors wider. Ich stütze mich hingegen auf ein Urteil in einem ähnlich gelagerten Fall. Dabei handelt es sich um anerkannte Rechtsprechung. Sie stammt vom Berliner Kammergericht aus dem Jahr 1939!«

Harry hätte es wissen müssen. In einem seiner Bücher hatte er selbst geschrieben: Juristen sind Leute, die die Gerechtigkeit mit dem Recht betrügen. Außer Spesen nichts gewesen. Der Schriftsteller hatte sein neuestes Werk fast umsonst verfaßt – dank einer für den Richter immer noch gültigen Rechtsprechung aus dem Dritten Reich, die angeblich aktueller war als der neueste Kommentar.

Skat, Schmuggel, Stinkefinger, Steuern, Totenruhe

Hosen runter: Volle Granate, Renate

Die drei wichtigsten Ereignisse im Leben eines durchschnittlichen deutschen Mannes sind die eigene Hochzeit, die Geburt des ersten Enkels und ein Grand Ouvert im Skat. Damit unterscheiden sich die Deutschen fundamental von anderen Völkern, denn die Briten amüsieren sich bekanntlich beim Bridge und die Amerikaner beim Poker. Diese Spiele haben zwar auch ihre Höhepunkte, aber was sind schon ein »Grand Slam« beim Bridge oder ein »Full House« beim Poker gegen eine »Revolution« beim Skat? »Großer Schlemm« klingt nach Vielfraß, »Volles Haus« nach Stubenhocker, aber eine »Revolution« läßt an einen harten Burschen denken, der sich sein Recht auf der Straße erkämpft.

Skat ist und bleibt also das Nationalspiel der Deutschen, da können weder Halma noch Doppelkopf mithalten. Von allen in diesem Zusammenhang befragten Personen über 14 Jahren konnte nur eine einzige nicht Skat spielen, und die stammte ursprünglich aus Sri Lanka. Es wird sogar behauptet, daß in Deutschland der Wehrdienst nur deshalb wieder eingeführt wurde, damit die Rekruten in aller Ruhe die hohe Kunst des Skatspielens erlernen können. Deshalb lautet die Antwort auf die Frage »Wie war es denn bei der Armee?« in der Regel: »Gut. Wir haben viel Skat gespielt.«

Manfred, der langjährige Vorsitzende vom Skatklub »Herz Hand«, fiel aus allen Wolken, als er vom Finanzamt einen Körperschaftssteuer- und Gewerbesteuermeßbescheid für seinen Verein zugeschickt bekam.

Manfred berief eine Vollversammlung ein und besprach den unerhörten Vorfall mit seinen Mitstreitern. »Wir haben ja viel Verständnis für die finanziellen Probleme unseres Staates, aber irgendwo muß Schluß sein«, lautete die einhellige Meinung der Mitglieder. Der Vereinsvorsitzende wurde beauftragt, gerichtlich gegen den Steuerbescheid vorzugehen.

Manfred schrieb in der Klagebegründung: »In unserer Satzung steht, daß Zweck des Vereins die Pflege, Ausbreitung und Reinhaltung des Skatspiels als einer Sportart ist, die sich in gemeinschaftsfördernder Weise besonders dafür eignet, geistige Fähigkeiten zu unterstützen und gesellschaftlich verbindend zu wirken. Vereine, die nach ihrer Satzung gemeinnützigen Zwecken dienen, sind von der Körperschafts- und Gewerbesteuer befreit. Zu gemeinnützigen Zwecken zählt auch die Brauchtumspflege. Das Skatspiel hat nicht nur eine lange Geschichte, es ist auch als Brauchtum im deutschen Volk fest verwurzelt.«

Das war eine harte Nuß, aber der vorsitzende Richter knackte sie spielend: »Das Skatspiel ist kein Sport. Der Begriff Sport im Sinne der anzuwendenden Gesetzesvorschrift umfaßt Betätigungen, die der körperlichen Ertüchtigung dienen. Und unter Brauchtum sind herkömmliche, traditionelle und landsmannschaftliche Gebräuche und Verhaltensweisen zu verstehen, wie zum Beispiel Trachten, Lieder, Gedichte, Märchen, traditionelle Volksfeste und Riten. Die Klage wird abgewiesen.«

Bei diesem Richter kann es sich ganz offensichtlich nur

um einen der ganz wenigen nichtskatspielenden Menschen diesseits der Alpen gehandelt haben. Sonst hätte er gewußt, daß Skatspieler, ebenso wie 100-Meter-Läufer sehr wohl zu gewinnen trachten und daß am Ende von feuchtfröhlichen Skatabenden sehr häufig Wirtinnen-Lieder gesungen, nicht jugendfreie Gedichte aufgesagt und moderne erotische Märchen erzählt werden. Jeder Preisskat kann als traditionelles Volksfest durchgehen, und auch ganz bestimmte Riten bleiben im Skatspiel fest verankert. Zum Beispiel sind die Sprüche »Hosen runter«[1], »Picus der Waldspecht«[2] und »volle Granate, Renate«[3] sehr häufig zu hören.

An der körperlichen Ertüchtigung mangelt es allerdings. Da ist der Schachsport dem Skatspiel um Meilen voraus. Beim Schach gibt es nämlich äußerst sportliche Springer und Läufer. Im Gegensatz zum Skat, wo ein alter König Angst vor jungen Buben haben muß.

Übersetzung der Fachbegriffe für die wenigen Nicht-Skatspielern unter den Lesern:

[1] Beim Nullouvert die Aufforderung an den Spieler, die Karten offen auf den Tisch zu legen.

[2] Der Alleinspieler sagt Pik als Trumpffarbe an.

[3] Ein Gegenspieler gibt kontra.

»Wer reich werden will, muß den Teufel zum Vetter haben«, sagt ein Sprichwort. »Es ist noch nie einer reich geworden, der nicht aufs Geldverdienen aus war«, meint ein anderes. Und »alle Sprichwörter sind wahr«, weiß uns ein drittes zu berichten.

Doch was benötigt man (außer dem festen Willen dazu), um reich zu werden? Klugheit? Verstand? Bildung? Sicherlich nicht. In den meisten Fällen langt es völlig, ein gerüttelt Maß an Gewitztheit zu besitzen, durchtrieben und getrieben zu sein. Weil das so ist, sind deshalb längst nicht alle distinguiert wirkenden Herrschaften, die teure Tuche, goldene Ringe und riesige Uhren zu silbernen Schläfen tragen, tatsächlich vornehme Charaktere oder Horte der Weisheit.

Zöllner Randolf, der seinen Dienst seit sieben Jahren an der Grenze zur Schweiz versah, wußte dies alles instinktiv, auch wenn er es für sich noch nie so formuliert hatte. Er erkannte seine Schweine am Gang.

An einem Tag im August kam eine überlange, dunkelblaue Limousine mit getönten Scheiben langsam knisternd an den Grenzübergang gerollt. Das Fenster öffnete sich. Heraus schaute der lächelnde Unternehmer Alfred aus Nordrhein-Westfalen, der eine Dauerfönwelle mit Ibizabräune und makellos weißen Porzellanzähnen kombiniert hatte und legere Freitzeitkleidung am Leibe trug, die laut der gestickten Signets von den führenden Modedesignern Europas stammte. Der 53jährige Alfred pupte, wie man so schön sagt, in seidene Unterwäsche.

Der gewiefte Zöllner stellte ihm die routinemäßige Frage: »Führen Sie Bargeld oder sonstige Wertgegenstände von mehr als 15.000 Euro mit sich?«

Der Autofahrer verneinte.

Randolf fixierte ihn und sah ihm fest in die Augen. Und

er bemerkte eine leicht erhöhte Lidfrequenz. Das konnte nur eines bedeuten: Etwas war faul. »Bitte fahren Sie dort vorne rechts ran und steigen Sie aus dem Wagen«, lautete die Order.

Als Alfred seine handgenähten italienischen Slipper aus der Limousine schwang, standen ihm bereits kleine Schweißperlen auf der Stirn.

Randolf schürzte die Lippen und lächelte. Er wußte nun mit hundertprozentiger Gewißheit, daß er etwas finden würde. Die Frage war nur: Was und wo.

Eine halbe Stunde später lag der dunkelblaue Luxuswagen, in einige hundert Teile zerlegt, auf dem Parkplatz. Der Zöllner schwenkte dicke Geldbündel in den Händen. 550.000 Euro hatten unter dem Teppichboden gelegen, weitere 150.000 Euro in einem Lautsprecher gesteckt.

Alfred stammelte: »Die Angst vor der Krise, Sie wissen schon. Ich wollte es in der Schweiz sicher anlegen.«

Der Oberfinanzdirektion als Bußgeldbehörde waren solche Verlustängste piepegal. Sie erließ einen Bußgeldbescheid in Höhe von 70.000 Euro. Begründung: »Vorsätzlicher Verstoß gegen das Finanzverwaltungsgesetz.«

Alfred legte Rechtsmittel ein, doch das Gericht bestätigte die Entscheidung: »Daß das Geld nicht aus illegalen Geschäften stammte, sondern aus dem Verkauf eines Hauses beziehungsweise den Erlösen aus einer Versicherung herrührte, war unerheblich, denn die Pflicht zur Offenbarung mitgeführter Gelder und Wertgegenstände von mehr als 15.000 Euro besteht auch dann, wenn diese Beträge nicht aus illegalen Geschäften stammen.«

Ach ja, auch die Reichen haben es nicht leicht. Man könnte fast Mitleid haben.

Die Tat der verblendeten Wut

Für die meisten Besitzer von Edelkarossen gilt der Spruch von Noblesse oblige – Adel verpflichtet. Übersetzt bedeutet dies: Eine höhere gesellschaftliche (Auto-) Stellung zwingt zu Verhaltensweisen, die von anderen nicht unbedingt erwartet werden. Auf bundesdeutschen Autobahnen ist das tagtäglich zu beobachten. Schwarze, dunkelblaue oder silberne Kaleschen ziehen unbeirrt vom sonstigen Verkehr auf der Überholspur ihre Bahn. Chauffeuren von koreanischen Kleinwagen fällt mitunter vor Schreck das Essen aus dem Gesicht, wenn urplötzlich zehn Zentimeter hinter ihrer Heckscheibe die Sonne aufzugehen scheint. Manchmal gehen solche Auffahraktionen böse aus, doch das ist eine andere Geschichte.

In unserem weitaus harmloseren Fall saß der in feinen Zwirn gehüllte 38jährige Bankangestellte Dr. Lubbe auf dem angewärmten Ledersitz seiner dunkelblauen Limousine und fuhr forsch auf fernen Vorstadtstraßen. Doch ganz egal, wie schnittig jemand fährt, es gibt immer einen, der es noch schneller kann. Dr. Lubbe wurde von einem schwarzen Wagen der anderen bedeutenden Autofirma am Ende eines mehrfachen Spurwechsels brutal ausgebremst. Dem Banker aus der Vorstandsetage klappten die Kinnladen herunter. Das hatte zur Folge, daß ihm sein glühendes Zigarillo in den Schoß purzelte. Dr. Lubbe riß instinktiv die Hände hoch.

Der 43jährige Unternehmer Ferdinand, der am Steuer vom schwarzen Konkurrenzmodell saß, mißdeutete diese hilflose Gebärde bei einem Blick in den Rückspiegel als jene obszöne Geste, die in Fachkreisen als »Stinkefinger« bekannt ist. Der Firmenchef eines mittelständischen Betriebes trat in die Eisen. Der Bremskraftverstärker entfaltete sofort seine volle Wirkung. Das Auto stand und wippte leicht auf und ab.

Dr. Lubbe bremste auch, kein Problem. Zwischen die Stoßstangen der beiden Wagen hätte man noch bequem ein Löschblatt schieben können.

Ferdinand stieg aus. Mit hochrotem Kopf postierte er sich vor seinem Kontrahenten. Der grinste ihn nur an und drehte die Stereoanlage auf volle Pulle. Die Türen waren sorgsam verriegelt und die Fenster fest verschlossen.

Der Unternehmer schaltete einen Gang höher und trat mit seinen handgenähten Budapester Halbschuhen im klassischen Dessin gegen die Fahrertür der dunkelblauen Limousine. Damit hatte er eine unsichtbare Grenze überschritten. Dem Banker riß der Geduldsfaden, und zwar gründlich. Er stieß die Tür auf, hüpfte hinaus und verpaßte dem Störenfried einen Satz warmer Ohren.

Das war unüberlegt. Ferdinand hatte die Statur eines Preisboxers und durch tägliches Fitneßtraining auch die nötige Kondition. Faustschläge prasselten auf den Mann des Geldes hernieder und trafen Magen sowie Kinn. Den finalen Niederschlag verhinderten beherzte Passanten.

Einige Wochen später kassierte Dr. Lubbe einen Strafbefehl über 2.400 Euro. Er bezahlte anstandslos.

Ferdinand hingegen legte Einspruch ein. In der Gerichtsverhandlung meinte der Richter kopfschüttelnd: »Herrschaften Ihrer Provenienz und dann eine solche Rüpelei – das ist unglaublich. Die latente Aggressivität im Straßenverkehr kommt durch den kleinsten Anlaß zum Ausbruch und ist dann nicht mehr zu stoppen.«

Stinkefinger hin, Stinkefinger her – nach Meinung des Gerichts hatte Ferdinand maßlos überreagiert. 3.600 Euro kostete ihn der Spaß – plus Gerichts- und Anwaltskosten. »Gebüßt wird unter der Sonnen jede Tat der verblendeten Wut«, dichtete bereits Friedrich Schiller.

Sieben Brücken, sieben Tage, sieben Raben

Die sieben war eine gute Zahl. Die Woche hatte sieben Tage. Über sieben Brücken mußte man gehen. Die sieben Raben kannte er seit dem Kindergarten. Am 7. Januar vor 33 Jahren war er geboren worden, seine Großmutter hatte Siebenhaar geheißen und er wohnte in der Schulstraße Nummer sieben.

Wer sich mit dem Roulettspiel auskannte, konnte nicht verlieren. Der Trick bestand darin, immer auf dieselbe Zahl zu setzen, mit einem kleinen Einsatz zu beginnen und ihn solange Spiel für Spiel zu verdoppeln – bis irgendwann die Sieben kam.

Aber es gab Abende, viele Abende, da war sein Geld alle, ehe die launische Kugel in das kleine Fach mit der magischen Zahl Sieben purzelte. Und es gab andere Abende, da gewann die Sieben, bevor er richtig warm geworden war. Dann blieb er, setzte weiter und wartete auf die zweite Chance.

Drei Jahre lebte Frank auf diese Weise. Sein gesamtes Denken und Fühlen kreiste nur noch um das Spiel. Alles andere war ihm egal. Er verlor viel Geld, er verlor seine Familie, und als er fast seinen Job verloren hatte, wachte er endlich auf. Aber er erkannte, daß er sich nicht mit eigener Kraft aus dem Sumpf der Spielleidenschaft ziehen konnte. Er wandte sich an das Drogenberatungszentrum im Nachbarort, führte Einzelgespräche mit Therapeuten und nahm wöchentlich an Gruppensitzungen teil. Stück für Stück bekam er seinen Lebensmut zurück. Nur der in den drei Jahren der Zockerei angehäufte Schuldenberg schnürte ihm fast die Luft ab. Eine Schuldnerberatungsstelle erarbeitete mit ihm einen Tilgungsplan und gab ihm den Rat, seine Fahrten zum Drogenberatungszentrum in der Nachbarstadt beim Finanzamt als außergewöhnliche Belastung steuermindernd anzumelden.

Frank tat wie ihm geheißen. Aber das Finanzamt wies seinen Antrag als offensichtlich unbegründet zurück.

Frank reichte ein befürwortendes Attest eines Arztes für Neurologie und Psychiatrie ein und ergänzte es etwas später durch eine entsprechende amtsärztliche Bescheinigung. Das Finanzamt ließ sich auch davon nicht erweichen.

Frank reichte Klage ein. Das Finanzgericht hatte – anders als das Finanzamt – kein Problem damit, chronische Spielsucht als eine Krankheit anzusehen wie beispielsweise Drogenabhängigkeit oder Alkoholismus. Und die Richter meinten auch, daß Fahrten zum Behandlungsort durchaus als Krankheitskosten steuermindernd berücksichtigt werden könnten, wenn die Aufwendungen dafür durch eine medizinisch gebotene Behandlung entstünden.

Trotzdem wurde Franks Klage abgewiesen. Die verblüffende Begründung lautete: »Der Kläger hätte sich vor Beginn der Behandlung um ein amtsärztliches Gutachten bemühen müssen. Es nachträglich ausstellen zu lassen, ist unzulässig.«

Das klingt logisch. Schließlich muß ja auch ein Totenschein beantragt werden, bevor der Betreffende beerdigt wird. Nur bei Autokarambolagen könnte diese Verfahrensweise problematisch sein: »Ich bitte um Genehmigung für eine Fahrt mit dem Sanitätswagen, weil ich heute nachmittag um drei einen Unfall haben werde. Leichter Personen- und Blechschaden. Grund: Vorfahrtsfehler der Gegenseite.«

Manche Männer sind anders als andere Männer. Sie finden ein stachliges Kinn und ausgeleierte Socken erotischer, als einen prallen Busen und Stöckelschuhe. Die moderne Sexualwissenschaft betrachtet Homosexualität als eine von vielen möglichen Ausdrucksformen der Sexualität. Doch in Deutschland dürfen Männer keine Männer heiraten. Sie müssen sich mit einer Partnerschaft begnügen. Die Treue ist dabei kein Thema. US-amerikanische Studien ergaben, daß Mitte der neunziger Jahre 62 Prozent aller homosexuellen Männer in einer eheähnlichen Beziehung zusammenlebten.

So wie Bertolt und Niels. Bertolt arbeitete als Zahnarzt, Niels als Fotograf. Sie bewohnten seit sieben Jahren ein kleines Häuschen auf dem Lande, zusammen mit Max, dem Hund, und Willy, der Katze. So hätten sie vergnügt noch lange Zeit zusammen verbringen können, wenn nicht Niels bei einem Autounfall schwer verletzt worden wäre. Er kam mit Verbrennungen ersten Grades, mehreren Knochenbrüchen, Leberriß, Milzruptur und zerquetschtem linken Auge ins Krankenhaus. Bertolt saß Tag für Tag am Krankenbett und pflegte seinen Freund, bis dieser starb.

Niels hatte seinen Partner testamentarisch als Alleinerben eingesetzt. Weiterhin war von ihm verfügt worden, daß er auf dem Dorffriedhof, nur wenige hundert Meter weit von seinem Haus, begraben werden wollte. Und so geschah es dann auch.

Drei Jahre später, fast auf den Tag genau, ließen ihn seine Eltern exhumieren und in seiner Heimatstadt erneut beisetzen. Sie hatten Bertolt weder darüber informiert, noch sein Einverständnis dazu eingeholt.

Als der Zahnarzt beim nächsten Mal auf den Friedhof kam, um seinen toten Freund zu besuchen, gab es keine

Grabstelle mehr. Der Stein war verschwunden, der Hügel eingeebnet. Eine Nachfrage bei der Friedhofsverwaltung offenbarte ihm sehr rasch, was sich ereignet hatte.

Bertolt wartete einige Zeit. Vergeblich. Er erhielt keine Nachricht. Er schrieb einen Brief. Seine Anfrage blieb unbeantwortet. Die Eltern von Niels konnten auch nach dem Tod ihres Sohnes kein Verständnis dafür aufbringen, daß sich seine Lebensplanung von der ihren unterschieden hatte.

Schließlich wußte sich Bertolt keinen Rat mehr. Er legte Klage ein und forderte die Rückbettung von Niels. Dessen Eltern erwiderten, daß der Verstorbene mit einer zweiten Umbettung nicht einverstanden sei.

Das Gericht beschäftigte sich nicht mit spiritistischen Praktiken, sondern prüfte zunächst, ob Bertolt das Recht gehabt hatte, die sogenannte Totenfürsorge wahrzunehmen und den Ort der letzten Ruhestätte zu bestimmen. Die Antwort auf diese Frage lautete eindeutig Ja, denn es lag schließlich ein entsprechendes Testament vor.

Im Urteil hieß es dann folgerichtig: »Es unterliegt keinem Zweifel, daß das Totenfürsorgerecht dem Kläger als langjährigem Lebensgefährten des Verstorbenen nach dessem Willen zustehen sollte. In Ausübung dieses Rechts hat er auch zu entscheiden, wo der Verstorbene bestattet werden soll.«

War dieses Recht aber nicht längst verwirkt? Schließlich fordert das Sprichwort: »Die Toten sollen ruhen.«

Doch auch in dieser Frage nahm das Gericht eine klare Haltung ein: »Zwar kann die Achtung der Totenruhe einem Verlangen nach Umbettung entgegenstehen. Diese Einschränkung gilt aber nicht, wenn der Verstorbene selbst den Ort seiner letzten Ruhe bestimmt hat.«

Der Sarg wurde exhumiert und Niels erneut auf dem Dorffriedhof begraben.

Michel Eyquem de Montaigne, einer der bedeutendsten

Autoren der französischen Renaissance, meinte einmal, daß der Tod ein Einpersonenstück sei. Im vorliegenden Fall handelte es sich um ein solches Drama, aber gespielt wurde in mehreren Akten.

Totschlag, Umgangsrecht, Unterhalt, Unterschrift, Umzug, Vergewaltigung

Zwanzig Messerstiche in die Brust

Die Ehe ist eine Geschichte, die beginnt, wenn ein Prinz einen Engel küßt. Und sie endet mit einem glatzköpfigen Mann, der über den Tisch hinweg auf eine dicke Frau blickt. Doch nicht immer entwickeln sich beide Partner gleichermaßen. Dann gibt es Konflikte.

Osmund hatte sich jahrelang mit ABM-Maßnahmen herumgequält, bis er dann mit Mitte Fünfzig endgültig arbeitslos wurde. Seine Frau Rita war in einer größeren Firma in der Buchhaltung beschäftigt. Überstunden standen auf der Tagesordnung. Osmund übernahm den Part des Hausmannes. Da die beiden Kinder schon lange aus dem Hause waren, war das keine allzu schwere Aufgabe. Er putzte und wischte, wienerte und wusch und fand Freude daran.

Im Gegensatz zu vielen anderen Männern in seiner Lage ließ sich Osmund nicht gehen. Er sah weder übermäßig viel fern, noch trank er frühmorgens Büchsenbier am Imbißstand. Seine einzige Marotte (wenn es denn eine war) bestand darin, daß er zu Hause stets in einem braunen Trainingsanzug mit hellen Seitenstreifen herumlief. Sein volles, welliges Haar bändigte er mit Pomade, und er war stets glatt rasiert.

Rita trug blaue Kostüme zu weißen Blusen wie eine Art Uniform. Sie wurde beruflich voll gefordert. Ab und an mußte sie ihren Chef auf Dienstreisen zum Stammsitz des Unternehmens begleiten. Osmund saß dann allein zu Hause und machte sich so seine Gedanken. Irgendwann sprach er sie aus: »Du hast einen Freund. Du betrügst mich.«

Rita lachte hysterisch und griff zur Nachtcreme, bevor sie sich im ehemaligen Kinderzimmer schlafen legte. Der Haussegen hing anschließend wochenlang schief. Osmund verbohrte sich immer mehr in den Gedanken, daß seine Frau einen Geliebten haben könnte. Er begann ihr nachzustellen, doch er hatte kein Talent zu einem Privatdetektiv. Rita entdeckte sehr bald den hinter ihr her huschenden Verfolger mit Brille, Hut und Mantel.

Es gab eine sehr unschöne Auseinandersetzung, die damit endete, daß Rita dauerhaft das Bett im Kinderzimmer belegte. Osmund lag von nun an allein im Ehebett, starrte nächtelang die Decke an und rauchte schweigend.

Das Unglück geschah nach einer Betriebsweihnachtsfeier. Rita kam beschwipst mit einem Blumenstrauß und einer Flasche Sekt unter dem Arm nach Hause. Osmund saß beim Abendbrot am Küchentisch. Er schrie sie an: »Wer ist der Lump? Wo habt ihr es getrieben?«

»Auf einer Parkbank, wenn du es ganz genau wissen willst. Er ist nicht solch ein Schlappschwanz wie du«, phantasierte Rita. Worte können verletzen wie Waffen. Sind sie einmal ausgesprochen, lassen sie sich nicht wieder zurücknehmen.

Ihr Mann heulte auf vor Schmerz. Er griff nach dem Steakmesser und stach ihr in die Brust, wieder und immer wieder, insgesamt über zwanzig Mal. Als er wieder zu sich kam, lag seine Frau tot auf dem Fußboden.

Der Staatsanwalt klagte ihn wegen Totschlags an. Osmunds Verteidiger plädierte auf Körperverletzung mit Todesfolge. Die Kinder als Nebenkläger forderten Lebenslang wegen Mordes.

Osmund wurde wegen Totschlags zu einer Freiheitsstrafe von sechs Jahren und sechs Monaten verurteilt. »Es lag kein Handeln aus einer gefühllosen und unbarmherzigen Gesinnung heraus vor. Die Tatbegehung des Angeklagten erfolgte spontan. Er fühlte sich von seiner Ehefrau getroffen und gedemütigt«, hieß es in der Begründung.

Kein Talent zum Durchschnittsmenschen

Hilger war ein Rockstar. Oder besser gesagt: Er war einmal ein Rockstar. Vor 15 Jahren hatte er es mit seiner Band »Wild Punch« bis in die Charts geschafft. Auf diesen Höhepunkt folgte der Abstieg. Seitdem spielten »Wild Punch« wieder bei Feiern vom Schrebergartenverein, zur Dorfkirmes, beim Abiturball und bei ähnlichen Festen.

Hilger trug schwarze Lederhosen, Cowboystiefel, eine metallbeschlagene Lederweste und an jedem Finger einen silbernen Ring. Er war tätowiert, hatte einen Zopf und einen Schnauz- nebst Kinnbart. Sein Stimme klang tief und blechern, woran der Fachmann den jahrzehntelangen Genuß von Büchsenbier und Zigaretten der Marke »Karo« erkennen konnte.

Am 21. November 1997 hatte Hilger geheiratet. Seine Wahl war auf Corinna gefallen, die ihn als Groupie mehrere Wochen lang im Tourbus begleitet und dort den Geruch von unbändiger Freiheit und wildem Abenteuer geschnuppert hatte. Am 08. Mai 1999 war der kleine Markus zur Welt gekommen. Seit dem Februar 2000 lebten die Eheleute getrennt. Corinna hatte nämlich herausgefunden, daß auch ein verheirateter Rocker nicht abgeneigt ist, weiblichen Fans nach Konzertende im Hotelzimmer seine Briefmarkensammlung zu zeigen.

Im Rahmen des Scheidungsverfahrens beantragte Corinna die alleinige elterliche Sorge für Markus: »Die Besuche des Vaters fanden ausschließlich in meiner Wohnung statt. Er war häufig angetrunken und rauchte Haschisch in Gegenwart des Kindes. Jedesmal ist es zu Streit gekommen. Er brüllte herum und hat mich einmal sogar angegrabscht.«

Hilger erwiderte: »Davon ist kein einziges Wort war. Ich hatte sogar einen Termin bei einer Eheberatung organisiert. Meine Frau hat die Mediation abgebrochen, um den Umgang zwischen mir und meinem Kind zu verhindern. Darüber hinaus hat die gemeinsame elterliche Sorge eindeutig den Vorrang vor der Einzelsorge. Es geht um das Kindeswohl, und nicht um den Willen eines streitsüchtigen Weibes.«

Der Richter in der Verhandlung belehrte ihn eines Besseren: »Es besteht keine gesicherte Vermutung dafür, daß die gemeinsame elterliche Sorge im Zweifel die für das Kind beste Form der Wahrnehmung elterlicher Verantwortung ist.«

Die folgende Viertelstunde verging damit, daß sich Corinna und Hilger nach Leibeskräften im Gerichtssaal anschrieen. Schließlich zog der Richter seinen Schuh aus und hämmerte mit ihm auf den Tisch, um wieder Ruhe herzustellen. Dann verkündete er: »Die Anhörung der Parteien hat gezeigt, daß zwischen ihnen eine Kommunikations- und Einigungsfähigkeit im Hinblick auf die Belange des Kindes nicht besteht. Zudem erscheint es dem Gericht auch auf Grund des Lebenswandels des Antragsgegners mehr als schwierig, daß sich die Parteien über die Belange des Kindes unterhalten. Nach seinem eigenen Vortrag hat der Antragsgegner nämlich keine eigene Wohnanschrift, sondern lebt vielmehr bei Freunden und Bekannten, je nachdem, wo er gerade Auftritte hat.«

Die Ehe wurde geschieden und Corinna bekam die alleinige elterliche Sorge für Markus zugesprochen. Corinna verachtete Hilger am Ende dafür, wofür sie ihn am Anfang bewundert hatte: Rocker sind Leute, denen das Talent zum Durchschnittsmenschen fehlt.

Der nackte Mann im Garten

Den Begriff »schuldig geschieden« gibt es schon lange nicht mehr. Heutzutage prüft das Gericht im Scheidungsverfahren lediglich, ob eine Ehe zerrüttet ist und fällt dann das Urteil. Wer der treibende Keil beim Auseinandergehen gewesen war, bleibt von untergeordneter Bedeutung. Die Erkenntnis, daß immer beide Teile am Zerbrechen ihrer Partnerschaft einen Anteil haben – der eine mehr, der andere weniger –, hat sich vor Gericht durchgesetzt.

Da es vor dem Familiengericht keinen absolut Bösen

und keinen hundertprozentig Guten gibt, wird auch niemand mehr bestraft. Das heißt, in der Regel hat selbst die treuloseste Tomate einen Anspruch auf Ehegattenunterhalt, wenn sie denn bedürftig und der hintergangene Partner leistungsfähig ist. Aber es gibt auch Ausnahmen.

Berte und Benny hatten sich während des Studiums kennengelernt. Berte war klein, blond, zierlich und äußerst agil. Sie stammte aus einer geschiedenen Ehe, hatte sich sowohl mit ihrem Vater als auch mit ihrer Mutter überworfen und kannte nur noch ein Ziel: Eine solide und dauerhafte Verbindung zu begründen.

Benny war dafür der richtige Kandidat. Er besaß das Temperament einer Schlaftablette, wirkte dicklich, ohne tatsächlich übergewichtig zu sein, und ständig rutschte ihm die Brille vor zur Nasenspitze.

Die Hochzeit fand im kleinen Kreis statt und verlief ebenso unspektakulär wie die ersten Ehejahre. Die beiden schlossen erfolgreich ihre Studien ab, begannen Geld zu verdienen und mieteten sich eine hübsche Parterrewohnung mit Terrasse und Miniaturgarten. Zweimal in der Woche gingen sie zu einem Tanzkreis und legten in einer Schulturnhalle zu Foxtrott-, Walzer- und Tangorhythmen eine kesse Sohle aufs Parkett.

Dort lernten sie Helmut und Petrissa kennen, ein anderes junges Ehepaar. Helmut war schlank und groß, dunkelhaarig und immer braun gebrannt. Berte seufzte heimlich: »Das wäre genau meine Kragenweite.« Und Helmut wurde es auch bald. Er hatte mit seiner Frau ein einfaches Abkommen geschlossen. Es lautete: Alles ist erlaubt, solange es nicht in der gemeinsamen Wohnung stattfindet. Einige wenige Ehepaare können mit einer solchen Regelung leben, die meisten natürlich nicht.

Die übrigen Mitglieder im Tanzkreis beobachteten die Entwicklung mit großem Interesse. Nur Benny bekam nichts mit. Er hatte Tomaten auf den Augen. Er konnte sich den Bauch halten vor Lachen, wenn seine Tanzkreisfreunde nach dem Training bei einem Glas Bier Witze über gehörnte Ehemänner rissen. Er fand weder etwas daran auszusetzen, daß seine Frau häufig am Wochenende eine Freundin besuchte, noch daran, daß sich ihr Schmuck- und Parfümvorrat auf geheimnisvolle Weise vermehrte.

So ging es zwei Jahre lang. Eines Tages kam Benny vorzeitig nach Hause, weil er sich mit einer Currywurst den Magen verdorben hatte. Sekunden später sprang ein nackter Mann von der Terrasse und lief durch den Garten. Eine halbleere Sektflasche verfehlte ihn nur knapp.

Nach der Scheidung verlangte Berte Ehegattenunterhalt, weil Benny inzwischen wesentlich mehr als sie verdiente. Das Gericht hatte für diesen Wunsch kein Verständnis: »Unterhält die Ehefrau während der Ehe über mehrere Jahre hinweg ein intimes Verhältnis zu einem gemeinsamen Freund der Familie, führt dies zu einer Verwirkung des Anspruchs auf nachehelichen Unterhalt. Besonders schwer wiegt, daß sogar die übrigen Clubmitglieder Bescheid wußten. Die Frau hat ihren Mann so massiv hintergangen, daß es ihm nicht zuzumuten ist, nach dem Scheitern der Ehe Unterhalt an sie zu zahlen.«

Schließlich ist die Liebe das Licht des Lebens, in der Ehe kommt dann die Stromrechnung, und irgendwann wird abgeschaltet.

Sauklaue oder Handzeichen?

Was ist ein Handzeichen? Das Deutsche Universalwörterbuch verzeichnet zu diesem Begriff drei verschiedene Bedeutungen. Erstens: Mit der Hand gegebenes Zeichen; Geste, mit der jemand etwas Bestimmtes signalisiert, auf sich aufmerksam macht. Zweitens: Bei einer Abstimmung Erheben der Hand zum Zeichen der Zustimmung oder Ablehnung. Drittens: Von jemanden, der nicht schreiben kann, mit der Hand ausgeführtes Zeichen anstelle des Namenszuges.

Rechtsanwältin Ragna, ein ausgebuffte Praktikerin mit jahrzehntelanger Berufserfahrung, mußte lernen, daß es noch eine vierte Bedeutung vom Begriff »Handzeichen« gibt. Und das kam so: Handwerksmeister Klemens, der ein gutgehendes Motorradfachgeschäft mit angeschlossener Reparaturwerkstatt unterhielt, hatte seinem Mitarbeiter Tobias wegen fortgesetzter Arbeitsbummelei gekündigt. Tobias war daraufhin zum Arbeitsgericht gegangen. Die Richter stellten einen Formfehler fest und gaben seiner Kündigungsschutzklage statt.

Klemens reagierte zunächst so, wie es viele Leute tun, wenn sie eine unangenehme Nachricht erhalten: Er ignorierte sie ganz einfach. 14 Tage später entschloß er sich zu handeln und ließ sich einen Termin bei Ragna geben. Am Ende des Gesprächs beauftragte er die Rechtsanwältin damit, ihn zu vertreten und Berufung einzulegen.

Ragna legte den Ordner unter einen großen Stapel Akten und arbeitete fleißig und verbissen ihr tägliches Pensum ab. Nach einer Woche hielt sie den Fall »Klemens gegen Tobias« in den Händen. »Oh, verdammt«, fluchte sie, denn es war höchste Eisenbahn. Der Wandkalender zeigte den 27. August an, und die Zeiger der verchromten Schreibtischuhr standen auf 20 Uhr. In vier Stunden lief die Berufungsfrist ab. Ragna tippte schnell die Berufungsschrift, unterschrieb sie hastig und schickte sie – um die Frist zu wahren – zunächst per Telefax an das Landesarbeitsgericht. Dem Brief mit den kompletten Unterlagen brachte sie noch eigenhändig zum Nachtbriefkasten unten an der Ecke. Das Fax traf rechtzeitig vor Ablauf der Frist beim Gericht ein, der Brief folgte am nächsten Tag. Zu spät.

Das Gericht verwarf die Berufung nämlich als unzulässig, weil es Ragnas Unterschrift nicht lesen konnte: »Der großgeschriebene Anfangsbuchstabe läßt sich allenfalls als schwungvoll geschriebenes »R« deuten und kann auch auf Grund seiner Kürze nicht mehr als verschliffene Wiedergabe des aus fünf Buchstaben bestehenden Namens der Prozeßbevollmächtigten angesehen werden. Auch bei großzügiger Betrachtung, die auf Grund eines maschinenschriftlichen Zusatzes ihres Vor- und Familiennamens und ihrer unzweifelhaften Urheberschaft geboten ist, handelt es sich um ein nicht genügendes Handzeichen.«

Ragna flehte: »Auf der beglaubigten Abschrift der Berufung läßt sich mein Name besser lesen.«

»Als die Abschrift bei Gericht einging, war die einmonatige Berufungsfrist bereits abgelaufen!«

»Aber ich unterschreibe doch immer so, und noch nie hat sich jemand beschwert.«

Das Gericht kannte kein Erbarmen: »Das Unterbleiben von Beanstandungen durch andere Spruchkörper vermag nicht zu entlasten.«

Ragna fühlte sich in ihre Schulzeit zurückversetzt. Da hatte sie Lehrer Lempel ständig gerügt: »Sauklaue! 50 Mal in Schönschrift ›Ich soll meinen Namen ordentlich schreiben‹.«

Umzug – Chance oder Qual

Nur den allerwenigsten Bürgern ist es vergönnt, von der frühesten Jugend bis ins hohe Alter im selben Haus wohnen bleiben zu können. Die meisten Menschen haben schon mehrere Umzüge hinter sich und können ein trauriges Liedlein davon singen. Bereits der griechische Philosoph Sokrates (470-399 v. Chr.) seufzte: »Wie zahlreich sind doch die Dinge, derer ich nicht bedarf.«

Es ist aber auch einfach unglaublich, wieviel unnützer Kram sich in nur wenigen Jahren ansammelt: bergeweise ungelesene Zeitschriften, Kartons voller Muscheln, Steine und anderer Krimskrams, originalverpackte Bettwäsche in grellen Farben, zwölf Regenschirme, zwanzig Paar ausgelatschte Schuhe, zwei kaputte Bügeleisen, ein unbenutztes Reservebügeleisen, ein Reisebügeleisen im blauen Plastiketui, ein mit Silberbronze bemaltes nostalgisches Bügeleisen ...

Andererseits findet sich auf diese Weise der seit Jahren vermißte zweite Manschettenknopf endlich wieder an, und das vergilbte Foto von der Einschulung war nur hinter den Schrank gerutscht. Für ganz tapfere Leute kann ein Umzug auch zu einem Akt der Befreiung werden. Anneliese beispielsweise war Anfang Sechzig. Nach einem mörderischen Kleinkrieg von ihrem griesgrämigen Mann geschieden, mußte sie zwecks Vermögensteilung aus dem Einfamilienhaus in eine Wohnung ziehen. Sie verschenkte sämtliche Möbel, Haushaltsgeräte und Einrichtungsgegenstände, soweit sich Interessenten fanden. Der Rest der Sachen wanderte in den Sperrmüll. Sie packte Wäsche für zwei Tage sowie die Bilder ihrer Kinder und Enkel in eine Reisetasche und nahm sich ein Taxi. Die neue Wohnung hatte sie sich komplett einrichten lassen – nichts, aber auch rein gar nichts sollte sie mehr an die Vergangenheit erinnern.

Gero, ein gutbezahlter Manager in einem mittelständischen Unternehmen, wählte für seinen Umzug den traditionellen Weg. Er beauftragte einen renommierten Familienbetrieb, die ABC-Spedition, die seit 50 Jahren unter dem Motto »Sicher, schnell & gut« das Zeug anderer Leute treppauf, treppab huckte. Doch auch im Transportgewerbe gibt es Saure-Gurken- und Hochdruck-Zeiten. Gero hatte die letztere erwischt. Die ABC-Spedition war bis unter das Dach des letzten Möbelwagens ausgebucht. Juniorchef Alfred reichte deshalb den Auftrag an ein Subunternehmen, die XYZ-Spedition, weiter. Dem Kunden konnte es schließlich egal sein, wer sich mit den eichenen Bücherschränken abquälte.

War es aber nicht. Als Gero im neuen Heim seine Siebensachen ordnete, stellte er fest, daß ein Ring und eine wertvolle Uhr fehlten. Sie waren aus einer verschlossenen Reisetasche entwendet worden. Eine Überprüfung ergab: Bei der XYZ-Spedition arbeitete ein vorbestrafter Packer namens Enrico, der in der Vergangenheit mehrere Eigentumsdelikte begangen hatte. Gero, sein jüngstes Opfer, forderte von der ABC-Spedition 4.250 Euro Schadensersatz.

Juniorchef Alfred hob bedauernd die Hände: »Wir sind der völlig falsche Partner. Enrico war der schlimme Finger. Er muß blechen. Oder die XYZ-Spedition. Wir haben damit nichts zu tun. Wir haben nur vermittelt.«

Das Gericht folgte dieser noblen Ansicht nicht. »Bei einem Umzug ist das Eigentum besonders gefährdet, da eine lückenlose Kontrolle nicht möglich ist. Ein Auftrag ist Vertrauenssache, und die Beklagte hat ihn nur wegen ihres guten Rufs bekommen. Sie haftet deshalb auch für Schäden, die Erfüllungsgehilfen schuldhaft verursacht haben«, hieß es im Urteil.

Schließlich sagt das Sprichwort nicht umsonst: Dreimal umgezogen ist wie einmal abgebrannt.

Im Gerichtssaal passiert es recht oft, daß von ein und derselben Geschichte zwei einander widersprechende Versionen erzählt werden. Damit ist klar, daß eine der beiden nicht stimmen kann. Aber welche? Wer sagt die Wahrheit, wer ist der Lügner? Oder stimmt keine Variante mit der Wirklichkeit überein? Schließlich ist das Gedächtnis eine Schublade, die häufig klemmt, oder, wie es Hans Weigel ausdrückte, »eine Kombination von Protokoll und Märchenbuch.«

Karin hatte ein furchtbares, traumatisches Erlebnis. Sie wollte im Spätherbst von ihrem Heimatort in das Nachbardorf trampen, um dort die Mutter ihres Freundes zu besuchen. Ein Auto hielt an und nahm sie mit. Auf halber Strecke verließ der Wagen unvermittelt die Landstraße. Der Fahrer bog in einen Waldweg ein, drohte der jungen Frau, sie umzubringen und vergewaltigte sie.

Als Karin dann schließlich bei ihrer zukünftigen Schwiegermutter eintraf, wies sie ernsthafte Schockanzeichen auf, war in einem psychisch desolaten Zustand und hatte nur noch einen Stiefel an. Aber es war ihr gelungen, sich die Autonummer zu merken.

Die Polizei konnte den Halter ermitteln, und einige Zeit später stand der 25jährige Fliesenleger Rico vor Gericht. Er bestritt weder, die junge Frau mitgenommen, noch mit ihr auf den Waldweg gefahren zu sein. Aber dies wäre einvernehmlich geschehen. Die Anhalterin habe ihm von sich aus angeboten, mit ihm den Geschlechtsverkehr auszuüben.

Das Gericht schenkte ihm keinen Glauben. Es berücksichtigte dabei, daß sich Karin als Zeugin in der Verhandlung um Detailgenauigkeit und Offenheit bemühte. Sie machte die Geschichte nicht noch schlimmer, als sie ohnehin schon war. Auch versuchte sie zu keinem Zeitpunkt, den Angeklagten stärker als in ihren polizeilichen Aussagen zu belasten.

Rico erhielt seine gerechte Strafe. Er mußte für zwei Jahre hinter Gitter. Straferschwerend wertete das Gericht die Tatsache, daß der Angeklagte weder ein Geständnis abgelegt noch irgendeine Form von Reue gezeigt hatte.

Doch Rico nahm das Urteil nicht an. Er legte Rechtsmittel ein, und in der nächsten Instanz wurden ganz merkwürdige Dinge näher beleuchtet: Karin war am Abend vor der Tat bei einer Familienfeier gewesen. Das Fest hatte um 20 Uhr begonnen und bis in die frühen Morgenstunden gedauert. Gegen vier Uhr morgens war es zu einem heftigen Streit mit ihrem Freund Mark gekommen. Die stark angetrunkene junge Frau hatte daraufhin 20 bis 30 Tabletten eines Beruhigungsmittels eingenommen. Als Mark diesen Selbstmordversuch nicht weiter beachtete, war sie wütend weggerannt und zu Fuß in Richtung Nachbarort gelaufen. Sie hoffte vergeblich, ihr Freund würde ihr hinterherkommen und sie um Verzeihung bitten. Als Rico in seinem Pkw angefahren kam, war sie bereits eine Stunde lang unterwegs gewesen.

Im Urteil der Berufungsinstanz hieß es: »Daß die Zeugin nach dem Geschlechtsverkehr wieder zum Angeklagten in den Pkw stieg und er sie zur Wohnung der Mutter ihres Freundes brachte, ist ein wesentliches, für die Einlassungen des Angeklagten sprechendes Indiz. Er bot der Zeugin damit eine gute Möglichkeit, das Kennzeichen seines Pkw zu sehen und es in der Wohnung zu notieren. Hätte der Angeklagte die Zeugin vergewaltigt, dann mußte er ein Interesse daran haben, sich so zu verhalten, daß er später nicht als Täter überführt werden konnte.«

Rico wurde freigesprochen. Doch egal, wie es wirklich war: Völlig betrunkene junge Frauen mit dem Inhalt von einem Tablettenröhrchen im Magen sollten nie in stockdunkler Nacht mutterseelenallein durch die Lande trampen.

Verkehrsunfall

Klein Nutz und Kosten viel für den Jägersmann

Brigitte Bardot meinte einmal, daß Jäger Menschen sind, denen niemand ausreden kann, daß es für einen Rehbock kein größeres Vergnügen gibt, als von einer Kugel getroffen zu werden.

Helmbrecht war ein solcher Grünrock, der auf alles ballerte, was größer als ein Schuhkarton war und mehr als zwei Beine hatte. Wie es sich für einen richtigen Waidmann gehörte, besaß Helmbrecht auch einen Jagdhund. Es handelte sich um einen dreijährigen Labrador Retriever namens Gero von Woltersdorf, dessen Großvater mütterlicherseits noch in Neufundland (Kanada) herumgesprungen war. Gero besaß eine Schulterhöhe von 56 Zentimetern und wog 32 Kilogramm. Er hatte ein kurzes, dichtes schwarzes Fell, einen breiten Schädel, mittelgroße Ohren, eine breite, tiefe Brust und kluge braune Augen. Der Labrador hörte aufs Wort und apportierte eifrig jede Beute.

Zu seinen Fahrten ins Jagdrevier benutzte Helmbrecht einen Kombi der automobilen Oberklasse mit Allradantrieb. So auch an einem frühen Morgen im Oktober. Nebel stiegen auf. Einen Teil der Strecke fuhr der Jägersmann Autobahn. An einer Baustelle mußte er das Tempo drosseln. Ein Fasan der Gattung Phasianus colchius wurde aufgescheucht und flog schimpfend davon. Gero hatte Fasane zum Fressen gern. Er bellte aufgeregt, machte einen Satz nach vorn und landete bei Herrchen im Lenkrad. Helmbrecht wurde von der fast einen Zentner schweren Attacke völlig überrascht. Der Wagen kam von der Fahrbahn ab, durchbrach eine Behelfsplanke und rollte die Böschung hinab. Am drei Monate alten Kombi entstand Totalschaden. Der Jäger und sein Hund kamen mit dem Schrecken davon, der Fasan sowieso.

Nachdem Helmbrecht den Schock überwunden hatte, atmete er auf. Glücklicherweise hatte er beim Kauf des Wagens eine Vollkaskoversicherung abgeschlossen. Die Schadenshöhe ließ sich schnell berechnen, sie lag bei 47.000 Euro.

Die Assekuranz verneinte ihre Einstandspflicht: »Es lag grobe Fahrlässigkeit vor, weil der Hund weder angeleint noch das Trenngitter heruntergeklappt war. Es tritt ein Leistungsausschluß ein.«

Der Waidmann klagte vergebens. Das Gericht meinte, er habe sich den eigenen Schaden selbst zuzuschreiben. »Etwas anderes wäre es gewesen, wenn ein Dritter in den Unfall verwickelt worden wäre. Beim Ersatz fremden Schadens, im Bereich der Haftpflichtversicherung, reicht grobe Fahrlässigkeit nicht aus. Hier kann sich die Versicherung nur dann auf ihre Leistungsfreiheit berufen, wenn der Versicherungsnehmer den Schaden vorsätzlich herbeigeführt hat.«

Helmbrecht hätte besser die alte deutsche Spruchweisheit beherzigen sollen, die da lautet: »Wer jagen, stechen, schießen will, der hat klein Nutz und Kosten viel.«

Der Taugenichts auf dem Beifahrersitz

An einem schwülen Tag im Mai stieg Markus, ein 26jähriger Germanistikstudent, zu seinem Schwiegervater, dem 71jährigen Theodor, ins Auto. Theodor trug seinen stolzen Namen (*) nicht von ungefähr. Er war Chemiker von Beruf und hatte bereits mit 23 Jahren eine bahnbrechende Erfindung gemacht, die die deutsche Waschmittelproduktion revolutionierte, ihn rasch an die Spitze einer eigenen Firma beförderte und im Laufe der Jahre zum mehrfachen Millionär werden ließ. Inzwischen befand er sich im wohlverdienten Ruhestand und wollte sein Alter genießen, konnte es aber nicht. Schuld daran war der Habenichts von Schwiegersohn, der ständig mit ungebügelten Hemden, zerknitterten Hosen und zerwuselten Haaren herumlief.

Mit mürrischer Miene versuchte Theodor den Wagen anzulassen, aber der Motor streikte. Er gab nicht einen Piep von sich.

»Du mußt den Automatikhebel auf Parken stellen. Wenn er auf Drive steht, springt die Zündung nicht an«, gab Markus ungefragt kluge Ratschläge.

Theodor tat widerwillig, wie ihm geheißen. Der Motor schnurrte nun wie ein Bienchen. In Theodors Magen ballte sich eine säurehaltige Kugel zusammen. Noch nie, noch niemals war ein Deutschlehrer reich geworden, denn auf dieses Berufsziel lief die Ausbildung der Nappsülze auf dem Beifahrersitz wohl hinaus.

»Soll ich nicht lieber fahren, Paps? Du hast gerade erst eine Grippe überstanden«, unterbrach der Schwiegersohn diese unfrohen Gedankengänge.

Der Unterkiefer des Rentners klappte fast herunter ob dieser Anmaßung. Der Taugenichts fuhr eine zerbeulte 500-Euro-Schrottkarre und wollte sich allen Ernstes an das Steuer eines Meisterwerks deutscher Automobilbaukunst setzen? »Mir geht es gut«, lautete die einsilbige Antwort.

Zehn Minuten später änderte sich die Sachlage schlagartig. Auf einer ansonsten autoleeren Schnellstraße kam der Wagen von der Fahrbahn ab, stieß gegen die Leitplanken, drehte sich einige Male um die eigene Achse und prallte dann mit der Beifahrerseite gegen einen Betonsockel. Markus wachte mit einer schweren Gehirnerschütterung, einem zerschnittenen Gesicht und einem zertrümmerten rechten Arm im Krankenhaus auf. Es freute ihn zu hören, daß sein Schwiegervater den Unfall unbeschadet überstanden hatte.

Nachdem der Student das Spital wieder verlassen durfte, forderte er von Theodors Haftpflichtversicherung Schmerzensgeld und Schadensersatz. »Der alte Sack ist eingepennt!« schrieb er als Begründung.

»Pech gehabt, mein Lieber«, lautete die Antwort der Assekuranz auf diese Frechheit. »Wir haben Ihren Schwiegervater untersuchen lassen. Er ist mitnichten am Steuer eingeschlafen, sondern hatte einen nicht vorhersehbaren Ohnmachtsanfall erlitten. Deshalb scheiden sowohl eine Gefährdungs- wie Verschuldungshaftung aus.«

Markus wollte das so nicht hinnehmen und reichte Klage ein. Ein vom Gericht bestellter Gutachter kam zu dem folgenden Ergebnis: Theodor litt unter Arteriosklerose und einer altersbedingten Hirnmangeldurchblutung. Diese Krankheitsbilder im Zusammenspiel mit einer allgemeinen Schwächung infolge der vorausgegangenen Grippe und dem schwül-heißen Wetter hatten zu einem Kreislaufzusammenbruch mit gleichzeitigem Bewußtseinsverlust geführt.

Aber der Vertreter der Versicherung freute sich zu früh. Im Urteil hieß es nämlich: »Eine Schwächung durch Krankheit muß Veranlassung zu einer besonders kritischen Selbstbeobachtung und Selbstkontrolle sein. Dasselbe gilt für ein höheres Lebensalter. Bei Beachtung dieser Pflicht hätte Herr Theodor davon absehen müssen, sich am Unfalltag an das Steuer seines Fahrzeugs zu setzen.«

Die Versicherung muß zahlen. Die gute Nachricht lautet: Theodor ist seinen verhaßten Schwiegersohn los. Ein für alle Mal. Seine Tochter allerdings auch. Die beiden wohnen nun weit, weit von ihm entfernt.

(*) Berühmte Namensträger waren unter anderem der Heilige Theodor von Venedig und Theodor Körner, Dichter des Freiheitskampfes gegen Napoleon.

Kleine Besorgung

Ortrun piekste ihrem auf der Couch dösenden Ehemann mit dem rechten Zeigefinger in den Bauch und überraschte ihre besser Hälfte mit der folgenden interessanten Mitteilung: »Vati, das Mehl ist alle. Wir müßten noch schnell eine Tüte aus der Kaufhalle holen.«

Helmuth schob die zur Tarnung ausgebreitete Zeitung von seiner Brust und erhob sich seufzend. Vor vielen Jahren schon hatte er herausgefunden, daß die Ehe eine ausgezeichnete Methode war, um die enorme Anpassungsfähigkeit des Menschen zu beweisen. Trotzdem wagte er ein zaghaftes Aufbegehren und fragte: »Fehlt sonst noch etwas? Ich will mir einen doppelten Weg ersparen.«

»Nein!« lautete die glasklare Antwort. »Es ist noch genügend Bier da.«

Helmuth nahm den geblümten Dederonbeutel vom

Haken, stülpte sich ein rotes Basecap auf die von einem Kranz grauer Haare umgebene Glatze und holte sein Sportrad aus der Garage. Trotz seiner 55 Jahre war Helmuth immer noch ein wieselflinker Radfahrer.

Als er nach einer guten halben Stunde zurückkehrte, wirkte er verstört. »Schatz, stell dir mal vor, eben hat mich ein Autofahrer umgekachelt, und zwar volle Möhre.«

»Ist das teure Rad kaputt? Blieb die Mehltüte unbeschädigt?« wollte seine entsetzte Holde wissen.

»Es ist alles ganz geblieben.«

»Und du, mein liebstes Männilein, wurdest du schwer verletzt?«

»Zum Glück nicht. Ich konnte seitwärts abrollen und bin auf der Motorhaube gelandet.«

»Was meint die Polizei dazu?«

»Nichts, wir haben nur die Adressen ausgetauscht.«

Ortrun versteinerte. Sie schluckte. »Bist du irre? Du weißt wohl nicht, was Phase ist?« schrie sie dann. »Sofort gehst du zu Dr. Sondermann und läßt dich krankschreiben. Mit dem Attest in der Hand erstattest du Strafanzeige gegen diese Nulpe.« Ortrun war nämlich als eifrige Leserin diverser Frauenzeitschriften in allen Rechtsfragen des Alltags bestens bewandert. Von einer plötzlichen Hitzeaufwallung übermannt umarmte sie ihren Gatten und drückte ihm einen feuchten Schmatzer auf die kratzige Wange. »Dieser Möchtegern-Schumi wird uns einen Mallorca-Urlaub sponsern.«

Als Bendix, der Autofahrer, etwa zur gleichen Zeit seiner Lebensgefährtin Mareike von dem Ereignis erzählte, meinte sie grüblerisch, weil sie wie viele Frauen über hellseherische Fähigkeiten verfügte: »Das wird noch Ärger geben.«

Die düstere Prophezeiung bewahrheitete sich. Einige Tage später wurde Bendix von der Polizei zur Befragung gebeten. Freiwillig. Allerdings hätte er kein Anrecht auf eine spätere Stellungnahme. Eine Verurteilung könne auch ohne seine Aussage erfolgen. Der Tatvorwurf lautete auf »Herbeiführung eines Verkehrsunfalls mit Köperverletzung«.

Der Beschuldigte gab zu Protokoll: »Ich bin mit meinem Pkw im Schrittempo aus der Toreinfahrt von einem Firmengrundstück gerollt. Am Straßenrand mußte ich anhalten, weil sich von links ein Auto näherte. In diesem Moment kam der Geschädigte relativ zügig mit seinem Rennrad auf dem Bürgersteig angesaust, und zwar entgegen der Fahrtrichtung. Er hat meinen Wagen zu spät bemerkt und ist in der Höhe vom rechten Vorderrad seitlich dagegen gefahren. Dabei rutschte er vom Sattel auf die Motorhaube. Der Geschädigte wies keine äußerlich sichtbaren Verletzungen auf. Fahrrad und Pkw blieben unversehrt.« Dazu legte Bendix ein Foto vom Unfallort vor.

Oberstaatsanwalt Urban überlegte nicht lange, als ihm die Akte vorgelegt wurde. »Das Verfahren wird eingestellt«, verfügte er abschließend.

Aber was wurde aus Ortrun und Helmuth? Wenn sich kein anderer Sponsor findet, werden sie den Urlaub im eigenen Garten verbringen.

Hoffentlich Vollkasko versichert

Die Wildschweine (Sus scrofa) in unseren Landen werden von den Jägern gern als Schwarzwild bezeichnet, obwohl es auch graues, rostfarbenes, geflecktes oder sogar weißes Borstenvieh gibt. Für den in freier Natur dahinwandernden Menschen sind die Spießbraten auf vier Beinen normalerweise nicht gefährlich.

Problematisch wird es allerdings, wenn die grunzenden Rüsseltiere von A nach B wollen und dazu eine Straße überqueren müssen. So geschah es an einem naßkalten Oktobermorgen um 6.25 Uhr, als unvermutet eine Herde von dreizehn Wildschweinen aus dem Wald hervorbrach. Mehrere Pkw rasten mitten in die Rotte. Der 38jährige Behördenangestellte Egon, der einen ausländischen Kleinwagen fuhr, kam an hinterer Stelle angeprescht. Aber im Gegensatz zu dem Fahrer im Auto vor ihm brachte er sein Gefährt nicht mehr rechtzeitig zum Stehen. Er fuhr nahezu ungebremst auf den Vordermann auf und verwandelte seinen grasgrünen Chausseefloh in einen Haufen unbrauchbarer Plastik- und Metallteile. Selbst die stark gestiegenen Schrottpreise konnten den Schaden nur äußerst unvollkommen kompensieren.

Egon ärgerte sich in doppelter Hinsicht. Zum einen über den Vorfall an sich, zum anderen jedoch darüber, daß er ein gutes halbes Jahr zuvor seine teure Vollkasko-Versicherung gekündigt und statt dessen eine preisgünstigere Teilkasko-Versicherung abgeschlossen hatte. Spare in der Zeit, dann hast du immer Not.

Vier Wochen später erhellte sich Egons Miene. Da bekam er nämlich von seiner Versicherung eine neue Police zugeschickt. In dem Begleitbrief stand, daß es bei der Vollkasko-Versicherung eine Preiskorrektur gegeben habe. Einige Tage später wurde der entsprechende Betrag von Egons Konto abgebucht.

Der Behördenangestellte schlußfolgerte daraus messerscharf, daß die Versicherung seine Kündigung versiebt hatte. Da demzufolge der Vollkaskovertrag immer noch galt, meldete er der Assekuranz umgehend den Schaden. Nun geschah etwas, was vielleicht einmal in 500.000 Fällen passiert: Die Versicherung fand das Kündigungsschreiben wieder! Sie entschuldigte sich sehr höflich, überwies den abgebuchten Betrag zurück und verneinte entschieden ihre Einstandspflicht.

Egon reichte Klage ein. In seiner Begründung schrieb er: »Bei einem Handyvertrag hatte der Netzbetreiber auch behauptet, er habe mein Kündigungsschreiben nicht erhalten. Der Vertrag verlängerte sich deshalb um ein weiteres Jahr. Hier ist es genauso. Schließlich gilt gleiches Recht für alle.«

»Nicht ganz«, antwortete der Richter. »Sie haben zwar einerseits gekündigt, aber andererseits dem zugeschickten Vertrag nicht widersprochen. Damit ist ein neuer Vertrag zustande gekommen. Es handelt sich um einen Rückversicherungsvertrag, da der materielle Versicherungsbeginn laut Vertrag vor dem formellen Versicherungsbeginn, nämlich dem Datum der Übersendung, lag. Der Versicherer ist bei einer Rückversicherung leistungsfrei, wenn der Versicherungsnehmer bei Abschluß des Vertrages weiß, daß der Versicherungsfall bereits eingetreten ist.«

Egon knirschte wütend mit den Zähnen. »Immer auf die Kleinen! Aber die Versicherung haftet trotzdem. Und zwar aus der Teilkasko, weil es sich um einen Unfall mit Haarwild handelte.«

»Tut mir leid«, widersprach ihm der Richter erneut. »Sie können nicht beweisen, daß es zu einer Berührung mit den Wildschweinen gekommen ist, und daß dieser Zusammenstoß kausal für den Schaden war. Sie sind auf ein anderes Fahrzeug aufgefahren. Die Tatbestandsvoraussetzungen für den Deckungsschutz liegen nicht vor.«

Doch die Versicherung kam trotzdem nicht völlig ungeschoren davon. Sie mußte immerhin die Kosten für die zerbrochene Windschutzscheibe tragen. Es ist immer ein schönes Gefühl, gut versichert zu sein.

Eichhörnchen, Fuchs und Hase

Steffen fuhr an einem freundlichen Frühlingstag mit einem lindgrünen Kleinwagen eine sehr schöne Allee entlang, die mitten durch einen üppigen Wald führte. Plötzlich huschte ein rotbraunes Tier vor ihm über die Fahrbahn. Es besaß einen gestreckten Leib und einen buschigen Schwanz. Das vordere Beinpaar war kürzer als das hintere. Es hatte je vier Zehen und einen Daumenstummel, die Hinterbeine wiesen je fünf Zehen auf. Bei diesem possierlichen Tierchen handelte es sich eindeutig um ein Sciuridae, ein Eichhörnchen.

An dem lindgrünen Kleinwagen heftete hinten ein Aufkleber mit dem Text »Ich stoppe auch für Tiere«. Steffen trat deshalb auf die Bremse, daß die Reifen nur so qualmten.

Motorradfahrer Erwin hatte plötzlich ein Problem. Er mußte sehr stark bremsen, kam erst ins Schlingern und dann zu Fall, rutschte über die Teerstraße gegen das Heck des Autos und danach gegen die Leitplanken. Erwin erlitt erhebliche Verletzungen. Er lag elf Tage im Krankenhaus und war fast zwei Monate lang arbeitsunfähig. Eine Verletzung der linken Hand erforderte das Einsetzen von zwei Metallplatten, die später wieder operativ entfernt werden mußten.

Erwin verklagte Steffen auf 3.000 Euro Schadensersatz und Schmerzensgeld, aber er bekam nur zwei Drittel zugesprochen. Im Urteil hieß es: »Bei Kleintieren ist es zumutbar, nicht abzubremsen, sondern das Tier zu überfahren, um den nachfolgenden Verkehr zu schützen. Aber der Kläger hingegen hat in der gegebenen Verkehrssituation sein Fahrzeug nicht sicher beherrscht und dadurch gegen die Grundregel des § 1 Abs.2 StVO verstoßen. Daher ist eine Haftungsverteilung von 2/3 zu 1/3 zu Lasten des Beklagten gerechtfertigt.«

Ronald bretterte einige Wochen später nachts mit einem zitronengelben Pkw die selbe Landstraße entlang. Ihm begegnete allerdings kein Eichhörnchen, sondern ein Fuchs. Ronald bremste ebenfalls, kam selbst ins Schleudern, knallte gegen die linke sowie die rechte Leitplanke und saß anschließend mit klopfendem Herzen in einem gelben Haufen Schrott. Er wollte den Fahrzeugschaden von seiner Teilkasko-Versicherung ersetzt haben, aber die Assekuranz weigerte sich. Das Gericht entschied, daß Ronald keinen einzigen Cent bekommt: »Die Wildschadensklausel setzt einen Ursachenzusammenhang zwischen der Berührung mit Wild und dem Unfallschaden voraus. Ist das Verhalten des Fahrers als grob fahrlässige Überreaktion zu werten, scheidet ein Ursachenzusammenhang aus. Zur Rettung geboten ist eine Handlung nur, wenn die damit verbundenen Aufwendungen in einem vernünftigen Verhältnis zum angestreben Erfolg stehen.«

In die normale Alltagssprache übersetzt bedeutet dies: Sobald irgendein behaartes Viech über den Fahrdamm kraucht, muß der Chauffeur eine fixe Kosten-Nutzen-Analyse anstellen. Je nach dem Ergebnis darf er bremsen – oder nicht. Wobei die Faustformel gilt: Bis zur Größe eines Hasen hat der Fuß auf dem Bremspedal nichts zu suchen.

Der Bundesgerichtshof kleidete dies in die folgenden launigen Worte: »Wer aus Tierliebe einem Hasen ausweicht, verdient Zustimmung. Damit ist aber noch nicht gesagt, daß er den beim Ausweichen entstehenden Schaden vom Kfz-Versicherer ersetzt bekommt.«

Im Zweifel entscheide man sich also für das Richtige.

Crash an der Parkplatzausfahrt

»Glück ist eine Sache des Augenblicks. Nur Idioten sind immer glücklich.« Wie schnell man aus dem einen in den anderen Aggregatzustand geraten kann, mußte Tino erfahren. Der 37jährige Bauingenieur hatte seine Freundin Ria besucht und mit ihr in ihrer Wohnung ein – nun sagen wir mal – anregendes Gespräch geführt, das unter anderem zu Pulsbeschleunigung und Blutdruckanstieg führte.

Anschließend schwebte Tino auf Wolke sieben die Treppen des Plattenbaus hinunter, stieg auf dem Wohngebietsparkplatz in seinen gepflegten Mittelklassewagen und fuhr los, wobei er ein fröhliches Liedlein trällerte. Die Parkplatzausfahrt mündete in eine schmale Wohngebietsstraße. Die Sicht war durch Büsche behindert. Tino tastete sich langsam vor und hielt dann an, um nach links und nach rechts zu schauen. Die rechte Fahrbahnhälfte der Wohngebietsstraße war zugeparkt.

Plötzlich kam ein tiefergelegter Kleinwagen mit getönten Scheiben angerast. Die Bässe der bis zum Anschlag aufgedrehten Stereoanlage wummerten bamm-bamm-bamm. Da die rechte Straßenseite durch Autos versperrt war, fuhr die rollende Musikbox scharf links. Meino, der 21jährige Fahrer, bemerkte den Pkw an der Parkplatzausfahrt zu spät – und schon war das Unglück passiert.

Tino stieg aus, um den Schaden zu begutachten. Sein Puls beschleunigte sich erneut, und der Blutdruck stieg an – diesmal aber aus ganz anderen Gründen. Der Bauingenieur wurde nämlich von einer Schimpfkanonade aus Meinos Mund überrascht: »Kannste nich aufpassen, du Penner? Noch nie was von Vorfahrt gehört, was?«

Nachdem die Polizei den Unfall aufgenommen hatte, fuhr Tino mit seinem zerbeulten Auto zu einem Anwalt und schilderte ihm den Ablauf des Zusammenstoßes. Der Verkehrsexperte machte ein sorgenvolles Gesicht: »Da haben Sie schlechte Karten. Das Vorfahrtsrecht Ihres Unfallgegners erstreckt sich grundsätzlich auf die ganze Breite der Fahrbahn. Sein Rechtsfahrgebot steht in einem solchen Fall zurück.«

»Wenn mir der Typ nicht so frech gekommen wäre, würde ich gar kein Gewese um die Sache machen«, entgegnete Tino.

»Nun gut«, meinte der Rechtsanwalt. »Wir können versuchen, ihm eine Mitschuld anzuhängen. Überhöhte Geschwindigkeit, Unaufmerksamkeit und solche Sachen. Vielleicht kommen wir auf diese Weise zu einer Quotierung von fünfzig zu fünfzig.«

»Das soll mir nur recht sein«, freute sich Tino zu früh.

Der Verkehrsrichter wies Tinos Klage nämlich eiskalt ab: »Der Kläger hat gegen den Paragraphen 10 der Straßenverkehrsordnung verstoßen. Nach dieser Vorschrift hätte er das Parkplatzgrundstück nur verlassen dürfen, wenn eine Gefährdung anderer Verkehrsteilnehmer ausgeschlossen war. Dies bedeutet, daß ihm eine gesteigerte Sorgfaltspflicht oblag. Erforderlichenfalls hätte er sich einweisen lassen müssen.«

Die Reparatur von Meinos Auto bezahlte Tinos Haftpflichtversicherung. Für seinen eigenen Schaden mußte er selbst aufkommen. »Wer Pech anfaßt, besudelt sich damit«, steht schon in der Bibel.

Ein Opfer ausgleichender Gerechtigkeit

»Schicksal ist die Zeit in ihrer beschleunigten Form«, fand der französische Dramatiker Jean Giraudoux (1882 – 1944). Nach der Meinung des deutschen Dichters Fritz Kornfeld ist eigenes Unglück unverschuldetes Schicksal, während es sich bei fremden Unglück um ausgleichende Gerechtigkeit handelt. An einem schicksalhaften Donnerstag beschloß Klaus-Dieter, ein 40jähriger Schlosser, mit seiner Ehefrau in die Stadt zum Einkaufen zu fahren. Gegen 18 Uhr befanden sie sich in ihrem Mittelklassewagen englischer Provenienz zurück auf der Heimfahrt in eine Gegend, wo noch Hühner und Gänse gleichberechtigt am Straßenverkehr teilnehmen.

Bis dahin war es allerdings ein weiter Weg. Zuvörderst wurde Klaus-Dieters gesamte Aufmerksamkeit von Schildern jeglicher Fasson, unvermutet umschaltenden Ampeln, bei Rot über die Straße laufenden Fußgängern, tückischen Fahrradfahrerattacken und mit voller Möhre überholenden Bierlastern in Anspruch genommen. In einer Absenkung passierte es. Klaus-Dieters Pkw rollte eingekeilt in beschleunigter Form zwischen einer Straßenbahn links und parkenden Autos rechts dahin, als sich unvermutet die Fahrertür eines haltenden Wagens öffnete. Das Schicksal schlug zu und hinterließ an dem englischen Motorfahrzeug mehrere Dellen und tiefe Riefen.

Der Unfall ereignete sich direkt vor einer Polizeiwache. Die aufgeschreckten Beamten kamen herausgestürmt – und begrüßten den Unfallverursacher Reimund mit Handschlag. Bei dem jeanstragenden jungen Mann handelte es sich nämlich um einen Polizeikommissar nebst zivilem Dienstwagen.

Klaus-Dieter hingegen behandelten die Uniformierten wie einen Kinderschänder. Zwei Monate später erhielt er Post. Ihm wurde ein Verwarngeld in Höhe von 35 Euro auferlegt. Begründung: »Sie streiften beim Vorbeifahren ein Fahrzeug und verursachten Sachschaden.«

Klaus-Dieter schrieb empört zurück: »Umgekehrt wird ein Schuh daraus. Im Paragraphen 14 der Straßenverkehrsordnung steht, daß beim Aussteigen eine Gefährdung anderer Verkehrsteilnehmer ausgeschlossen sein muß.«

Nach weiteren zwei Monaten stand der Schlosser vor Gericht.

Der Richter saß schwitzend im überhitzten Verhandlungssaal. »Sie heißen Hans-Dieter ...«

»Nein, Euer Ehren, Klaus-Dieter.«

»Gut, gut. Sie sind gegen eine Straßenbahn gefahren ...«

»Nein, Euer Ehren. Die Straßenbahn befand sich links von mir. Am rechten Straßenrand hatte jemand die Fahrertür geöffnet ...«

»Ich weiß, der Zeuge Reimund. Er hat sich entschuldigt. Wir rufen stattdessen den Zeugen Wolfram auf.«

Wolfram: »Ich habe nichts gesehen.«

Der Richter wischte sich den Schweiß von der Stirn und meinte mit schwacher Stimme: »Eine Bagatelle, die ganze Sache. Ich schlage vor, wir stellen das Verfahren aus Mangel an Beweisen ein.«

Klaus-Dieter: »Ich bin unschuldig!«

Der Richter wirkte plötzlich sehr kühl: »Ohne den Zeugen Reimund gehört zu haben, kann ich Sie nicht freisprechen. Wollen Sie einen zweiten Termin?«

Klaus-Dieter: »Nein. Ich mußte heute schon Urlaub nehmen.«

Der Richter: »Okay. Das Verfahren wird eingestellt.«

Die Lehre daraus lautet: Fahren Sie bitte niemals, wenn es sich irgendwie vermeiden läßt, gegen Teile eines Polizeiautos. Sonst werden Sie Opfer der ausgleichenden Gerechtigkeit. Und die kostet, außer Ärger, mindestens einen Tag Urlaub.

Drahtesel gegen Rennrad

Der vermutlich erste Fahrradkonstrukteur der Welt war Leonardo da Vinci (1425-1519). Auf Tausenden von Blättern, von denen noch rund 4.200 erhalten sind, skizzierte er seine wissenschaftlichen und technischen Ideen. Darunter befand sich ein Vehikel, das bereits eine entfernte Ähnlichkeit mit einem Fahrrad aufweist.

1817 erfand Karl Friedrich Drais (1785-1851) ein lenkbares Schiebe- und Tretrad, welches 1839 von dem Schotten Kirkpatrick Macmillan um Antriebshebel und Pedale erweitert wurde und als das erste funktionstüchtige Fahrrad der Welt gelten kann. 1898 kam in Walten (Massachusetts/USA) ein Fahrrad für zehn Personen auf den Markt. Es war 6,90 Meter lang und erreichte eine Höchstgeschwindigkeit von über 60 km/h. Dieses Tempo schaffen selbst Radsportprofis auf superschnellen Rennrädern nicht auf Dauer. Den Stundenweltrekord stellte am 27. Oktober 2000 der Brite Chris Boardman in Manchester auf. Er radelte in sechzig Minuten 49,441 Kilometer.

Und daraus erwächst für jeden Radfahrer, die ja meistens viel, viel langsamer fahren, ein riesengroßes Problem auf allen Straßen ohne Radweg: Sie stellen für die rasenden Autofahrer ein Verkehrshindernis dar, das leider nur allzuoft übersehen wird.

Aber manchmal kommen sich Radfahrer auch gegenseitig ins Gehege. An einem Tag im September fuhr der 13jährige Filip in einer ruhigen Vorortallee Werbezeitungen aus. Um einen auf der linken Straßenseite angebrachten Briefkasten zu erreichen, zog er plötzlich von rechts nach links hinüber. Er hielt weder den linken Arm zur Seite, noch warf er einen Blick in den Rückspiegel.

Von hinten kam aber im selben Augenblick der 25jährige Ingo auf einem nur acht Kilo schweren Titanrennrad mit superschmalen Hochdruckreifen und 16 Gängen angesaust. Ingo schrie »Bahne!«, trat in die Bremsen, daß es qualmte, und kachelte den Zeitungsausträger um.

Filip kam mit einem Schreck davon. Seinen Kontrahenten erwischte es wesentlich schwerer: Er erlitt einen komplizierten Bruch des linken Unterarms sowie diverse Prellungen und Hautabschürfungen am gesamten Körper. Er kam vier Tage in stationäre Behandlung, mußte mehrere Operationen über sich ergehen lassen, war monatelang krankgeschrieben und behielt einen Dauerschaden zurück.

Er kann sein linkes Handgelenk nur noch eingeschränkt bewegen und leidet unter Belastungsschmerzen.

Ingo forderte die Erstattung aller bereits entstandenen und noch entstehenden materiellen sowie immateriellen Schäden. Außerdem verlangte er ein Schmerzensgeld in Höhe von 5.000 Euro.

Das Gericht folgte seiner Ansicht nur teilweise. Das Unfallopfer bekam eine Quote von 2/3 bezogen auf die bisherigen und zukünftigen Schäden sowie ein Schmerzensgeld in Höhe von 2.500 Euro zugesprochen: »Beim Schmerzensgeld wird das nicht unerhebliche Mitverschulden des Klägers am Zustandekommen des Unfalls berücksichtigt. Bei einer derartigen Verkehrssituation hätte der Kläger nicht einfach dem Beklagten durch Überholen ausweichen dürfen, sondern hätte zunächst seine Geschwindigkeit der kritischen Verkehrslage anpassen müssen. Fahrzeugführer müssen sich gegenüber Kindern so verhalten, daß eine Gefährdung dieser Verkehrsteilnehmer ausgeschlossen ist. Der vom Kläger vor dem Zusammenstoß von sich gegebene Warnruf stellt kein sachgerechtes Verhalten dar.«

Für Filip sind das trotzdem keine rosigen Zukunftsaussichten. Er schiebt bereits jetzt einen Schuldenberg von 1.201,08 Euro Schadensersatz und 2.500 Euro Schmerzensgeld vor sich her. Filip wird wohl eine weitere Zeitungsrunde übernehmen – zu Fuß.

Vorsicht, Glatteis!

In vielen Ortschaften funktioniert der Winterdienst hervorragend – bei sommerlichen Temperaturen und solange kein Schnee fällt. Einige Brandenburger Gemeinden (wie zum Beispiel Prötzel und Altreetz) mußten bereits vor Väterchen Frost kapitulieren. Die einen Dorfschulzen fanden keine Firma mehr, die bereit war, Straßen zu räumen und zu streuen, andere Ortsvorsteher hatten in ihrem geschröpften Gemeindesäckel kein Geld dafür zur Verfügung. Die Bürgermeister wurden aber in ihrer Not nicht allein gelassen. Sie erhielten umfassende Unterstützung durch die Landesregierung. Im Brandenburgischen Straßenbaugesetz stand nämlich im Paragraphen 49 a III: Gemeinden haben öffentliche Straßen und Bundesstraßen nach Maßgabe ihrer Leistungsfähigkeit vom Schnee zu beräumen und bei Glätte zu streuen.

»Nach Maßgabe« bedeutet in Abhängigkeit von den finanziellen Möglichkeiten. Da diese erschöpft waren, mußte eine andere schnelle und unbürokratische Lösung her: An den Ortsdurchfahrten wurden Warnschilder aufgestellt, die die Kraftfahrer auf den fehlenden Winterdienst hinwiesen.

Doch auch außerhalb der Ortschaften lauerte die Gefahr. Der Lagerarbeiter Rüdiger war an einem Februarmorgen um 6.35 Uhr mit seinem Pkw zwischen A-Dorf und B-Dorf auf der Landstraße unterwegs. Er fuhr nur knapp dreißig, denn das Kopfsteinpflaster glänzte tückisch im Licht der Scheinwerfer. Von hinten näherte sich ein rasches Licht. Schnellimbißbesitzer Jochen kam in seinem Lieferwagen angebraust. Er war spät dran und hatte es eilig. Die Schnarchnase vor ihm ging ihm mächtig auf die Nerven. Jochen blinkte links und zog an dem Verkehrshindernis vorbei. Oder besser gesagt: Er wollte vorbeiziehen.

Auf der spiegelglatten Straße geriet der Lieferwagen ins Schleudern, prallte gegen den Pkw und drängte ihn von der Fahrbahn. Rüdiger kam mit leichten Prellungen und einem zermatschten Auto auf dem Feld zum Stehen.

Einige Wochen später erhielt Jochen vom Amtsgericht eine Geldbuße aufgebrummt, weil er seine Fahrgeschwindigkeit nicht den Straßen- und Wetterverhältnissen angepaßt hatte. Der Imbißbesitzer legte gegen das Urteil Rechtsbeschwerde ein. Die Richter der höheren Instanz prüften den Fall auf Herz und auf Nieren. Und sie stellten fest, daß das angefochtene Urteil völlig falsch war: »So fehlen schon Feststellungen darüber, wie schnell der Betroffene mindestens gefahren ist. Ebensowenig ist ersichtlich, warum die vom Betroffenen eingehaltene Geschwindigkeit unzulässig hoch gewesen sein soll und mit welcher Geschwindigkeit er nach Auffassung des Amtsgerichts höchstens hätte fahren dürfen.«

Die Richter fanden noch ein weiteres Haar in der Suppe: »Wann mit einer Vereisung der Fahrbahn gerechnet werden und ein Kraftfahrer seine Fahrweise darauf einstellen muß, hängt von den tatsächlichen Umständen ab. Solchen liegen nicht schon stets in den frühen Morgenstunden im Winter vor.« Das Urteil wurde aufgehoben und die Sache zur erneuten Entscheidung an das Amtsgericht zurückverwiesen.

Als Rüdiger von dieser Entscheidung erfuhr, fiel ihm das alte deutsche Sprichwort ein: »Ein schöner Wintertag macht noch keinen lustigen Vogel.«

Eine Fahrt durch die städtische Grünanlage

Der 45jährige Maximilian besaß einen gezwirbelten Schnauzbart, eine 200-Quadratmeter-Vorstadtvilla mit Whirlpool und Sauna, eine deutsche Dogge namens Anton, eine Fußbodenreinigungsfirma mit drei Dutzend Mitarbeitern sowie eine dunkelblaue Limousine mit hellen Lederpolstern. Eine Pkw-Freisprecheinrichtung allerdings hatte er nicht. An einem typischen Schlecht-Wetter-Tag im April, an dem es plötzlich unvermutet wie aus Kannen schüttete, befand er sich gegen 19.20 Uhr auf dem Heimweg, als sein Handy klingelte. Maximilian wandte den Blick nach rechts auf den Beifahrersitz, wo das Funktelefon lag. In dem Moment, als er danach griff, fuhr er durch ein mit Wasser gefülltes und deshalb unsichtbares Schlagloch. Es gab eine Erschütterung. Sie war nicht sehr groß, aber sie reichte aus, daß ihm das Handy aus der Hand rutschte. Es fiel auf die Fußmatte vor dem Sitz. Maximilian versuchte vergeblich sich zu bücken, denn er hatte sich vorschriftsgemäß angeschnallt. Dann holperte es erneut.

Als der Unternehmer verärgert den Blick wieder nach vorn durch die Windschutzscheibe richtete, bemerkte er voller Entsetzen, daß der winzige Moment der Unaufmerksamkeit ausgereicht hatte, den Pkw von der Straße abkommen zu lassen, die an dieser Stelle in einem Bogen verlief. Das Holpern war durch die Bordsteinkante verursacht worden. Die Limousine befand sich noch auf dem fußgängerfreien Bürgersteig, aber sie schickte sich an, diesen in Richtung einer städtischen Parkanlage zu verlassen. Die gerade Weiterfahrt wurde jedoch durch ein Verkehrszeichen verhindert. Blech traf auf Eisen. Das Straßenschild knickte um und gab dem Wagen dabei einen gegensätzlichen Impuls, der ihn ein Stück des Weges durch die Grünanlage schlingern ließ und dann relativ wohlbehalten auf die Straße zurückführte.

Dort angekommen, trat Maximilian auf die Bremse und plumpste zurück in die Sitze. Sein Herz war ihm in die maßgeschneiderte Hose gerutscht. Da blieb es auch, denn der Firmenchef folgte einem jähen Impuls und beging Fahrerflucht. Am nächsten Tag meldete sich die Vernunft zurück und er stellte sich der Polizei. Parallel dazu berichtete er seiner Kaskoversicherung von dem Unfall.

Die Reparatur des Schildes kostete 270 Euro. Den zerfurchten Rasen der Grünanlage brachte Maximilian selbst in Ordnung. Die Behörden ließen Gnade walten und stellten das Ermittlungsverfahren wegen unerlaubten Entfernens vom Unfallort ein, weil der Täter tätige Reue gezeigt hatte.

Das dicke Ende kam später. Die Kaskoversicherung weigerte sich, die Reparaturkosten am Auto in Höhe von 9.114,86 Euro abzüglich der Selbstbeteiligung, mithin also 8.614,86 Euro, zu tragen. Der Unternehmer schrieb mehrere böse Briefe und reichte dann Klage ein.

Im Urteil hieß es: »Die beklagte Versicherung beruft sich zu Recht auf Leistungsfreiheit, weil der Kläger eine strafbare Unfallflucht begangen und dadurch seine versicherungsvertraglichen Aufklärungsobliegenheiten vorsätzlich verletzt hat. Daß das Ermittlungsverfahren eingestellt wurde, ist ohne Belang. Es liegt der Verdacht mehr als nahe, daß der Schaden aufgrund alkoholbedingter Fahruntüchtigkeit verursacht wurde. Immerhin hat sich der Versicherungsnehmer nach seiner Fahrt über Bürgersteig und Gartenanlage mehr als 18 Stunden Zeit gelassen, ehe er sich bei der Polizei meldete.«

Pech für Maximilian. Er ist nämlich ein Mann. Deshalb war ihm keine gute Ausrede eingefallen. »Eine gute Ausrede ist etwas, das die Frauen schneller zur Hand haben als ihre Schürze«, lautet ein irisches Sprichwort.

Wandlung, Weihnachten, Werbeanlagen, Zahnarzt, Zuwendung

Ein Auto fährt 250.000 Kilometer – wenn es fährt

Woran erkennt man guten Wein? Ganz einfach: am Preis. Gute Autos auch. Dies dachte sich jedenfalls Lorenz, als er sich einen Pkw der gehobenen Mittelklasse zulegte. Das grünglänzende Prachtstück kostete 46.239,29 Euro und verfügte über nahezu alles, was der moderne Automobilist zum Leben braucht: Regensensor, Navigationssystem, Einparkhilfe und Sitzheizung. Es besaß zwölf Airbags und mehr Elektromotoren als ein Mensch Zähne hat. Die Schaltung funktionierte automatisch, und sobald der Dieselmotor leise grummelnd angesprungen war, fragte eine sympathische Frauenstimme: »Wollen Sie jetzt losfahren?«

Lorenz taufte seinen vierrädrigen Liebling Heinzi und war stolz wie ein Spanier. Das Leben hätte so schön sein können, wenn das Wörtchen wenn nicht wär. Sobald nämlich nur ein einziger Regentropfen vom Himmel auf die gewachste Karosserie platschte, passierte es: Der Motor begann zu stocken. Dann machte Heinzi Bocksprünge wie ein übermütiges Zicklein und schüttelte den verblüfften Fahrer gehörig durch.

Lorenz brachte den Wagen in die Vertragswerkstatt. Der Meister wischte sich seine gecremten Hände am blütenblauen Kittel ab und meinte zuversichtlich: »Ein schönes Auto, wirklich. Irgendwo dringt Feuchtigkeit ein und legt die Elektronik lahm. Das kleine Fehlerchen haben wir bald gefunden.«

Tatsächlich summte Heinzi in den nächsten Wochen wie eine Biene. Am Tag, als der Regen kam, änderte sich sein Fahrverhalten abrupt.

Nach dem dritten vergeblichen Reparaturversuch schaffte Lorenz die Dreckskarre zurück in den Laden und verlangte sein Geld zurück. Autohändler Sigbert versuchte erst gar nicht, irgendwelche Späne zu machen. Er warf nur einen kurzen Blick auf den Tacho und sagte: »Sie sind 31.257 Kilometer gefahren, also sagen wir rund 30.000. Der Wagen hat eine theorethische Laufleistung von 150.000 Kilometern. Sie bekommen 36.991,43 Euro zurück, den Rest behalten wir als Nutzungsentgelt ein.«

»Quatsch mit Soße«, entgegnete Lorenz. »Das ist ein Diesel. Der läuft gut und gerne 250.000 Kilometer – jedenfalls normalerweise.« Doch Sigbert rückte keine müde Mark mehr heraus. Deshalb verklagte ihn Lorenz auf die Zahlung von weiteren 3.699,14 Euro.

Der Richter blätterte in einigen Tabellen und sagte dann: »Der Stand der Technik bei neu hergestellten Kraftfahrzeugen der gehobenen Mittelklasse ist inzwischen soweit fortgeschritten, daß eine Gesamtfahrleistung von mindestens 250.000 Kilometern erwartet werden kann. Hinzu kommt, daß dieselbetriebene Fahrzeuge von jeher eine größere Lebensdauer als solche mit Benzinmotoren haben. Wenn früher ein Wert von 150.000 Kilometern angemessen gewesen sein mag, so ist dies heute nicht mehr zeitgemäß.«

Sigbert mußte die 3.699,14 Euro zahlen. Er hatte nicht nur den Prozeß, sondern auch seinen Kunden verloren.

Der Wirtschaftswissenschaftler Helmar Nahr meinte passend zum Thema: »Das Auto ist ein Mittel der Technik, das uns instand setzt, in der Regel viel schneller und bequemer die nächste Reparaturwerkstatt zu erreichen, als wir das zu Fuß vermöchten.«

Weihnachten – das Fest der Liebe

Weshalb feiern wir Weihnachten? »Da hat der Weihnachtsmann Geburtstag.« So oder ähnlich antworteten 39 Prozent von 700 sechs- bis zwölfjährigen Kindern, die sich im Rahmen einer Umfrage des Münchner Jugendforschungsinstituts »iconkids & youth« zur Bedeutung des 24. Dezembers äußern sollten. Im Osten Deutschlands wußten 54 Prozent der kleinen Racker nicht, daß an diesem Tag die Geburt von Jesus Christus gefeiert wird, im Westen waren es 36 Prozent.

Weihnachten ist das Fest der Liebe. Ihm gehen lange, schmerzhafte Wochen voraus, in denen der eine für den anderen kauft, was er sich selbst nicht leisten kann.

Arnold und Florian, zwei Nichtsnutze im Alter von 27 und 32 Jahren, waren in der Weihnachtszeit knapp bei Kasse. Das lag vor allem daran, daß beide seit Jahren der Arbeit permanent aus dem Wege gingen und ausschließlich von Diebstählen, Betrügereien und vom Schnorren lebten. Zwei Tage vor Heiligabend lernten sie im »Güldenen Zapfen« den 48jährigen Busfahrer Marius kennen, der infolge einer generösen Weihnachtsgeldzahlung Spendierhosen anhatte. Marius bestellte eine Lage nach der anderen, und seine beiden Saufkumpane erheiterten ihn mit Männergesprächen, die sich hauptsächlich um Autos, Weiber und Fußball drehten.

Kurz nach Ausschankschluß hatte der Spaß ein Ende. Marius bezahlte, verabschiedete sich von den Taugenichtsen und ging hinaus auf die Straße. Whuff! strömte die eisige Luft in seine nikotingeschwängerten Lungen. Der Busfahrer brauchte einige Sekunden, um sich orientieren zu können. Plötzlich erhielt er einen Fausthieb ins Gesicht. »Rück die Kohle raus, du Sack!« zischte Arnold.

Marius wehrte sich und rannte davon. Auf dem Marktplatz versteckte er sich unter dem dort aufgestellten Weihnachtsbaum. Er hörte ziellos Schritte hin und her eilen, dann wurden die Stimmen leiser. Marius atmete auf und verließ sein Versteck. Im nächsten Moment erhielt er einen schweren Schlag gegen die Brust. Florian hatte ihm einen Nylonbeutel, in dem sich ein gestohlener gußeiserner Fleischwolf befand, davorgeknallt. Dem Busfahrer blieb die Luft weg. Er wurde ohnmächtig und fiel auf das Pflaster.

Seine beiden Saufkumpane versetzten ihm noch einige Fußtritte. Dann nahmen sie ihm seine wohlgefüllte Brieftasche ab und ließen den Bewußtlosen liegen.

Glücklicherweise wurde Marius bald gefunden. Er kam ins Krankenhaus, mußte notoperiert werden und hatte noch lange Zeit starke Schmerzen im Brustbereich.

Arnold und Florian wurden gestellt und wegen gemeinschaftlichen schweren Raubes in Tateinheit mit gefährlicher Körperverletzung zu Freiheitsstrafen von sechs Jahren und sechs Monaten beziehungsweise sieben Jahren verurteilt.

Weihnachten, das Fest der Liebe. Das fand auch Siegmar, als ihm beim heimeligen Kerzenschein verborgene

Wünsche überkamen. Er faßte Sylvia, seine Gespielin bei der Hand, und führte sie nach nebenan ins Schlafgemach. Dort gaben sie sich fleischlichen Gelüsten hin.

Der Adventskranz blieb unbeaufsichtigt, brannte herab und setzte das Zimmer in Brand. Schaden: 32.000 Euro.

»Wer sich von seinem Partner spontan zum Liebesspiel verführen läßt, handelt auch dann nicht leichtsinnig, wenn während der Zeit ein Adventsgesteck brennt«, urteilte in diesem Fall der verständnisvolle Richter. Das war kein Wunder. Er hatte selbst gerade eine neue Flamme. Und der italienische Schauspieler Alberto Sordi meinte zu diesem Thema: »Wenn Männer in Feuer geraten, löschen die Frauen am liebsten mit Benzin.«

Wolf, Kuh oder Pferd vor dem Karren

Deutschland steckt in einer schweren Wirtschaftskrise. Der Präsident des Arbeitgeberverbandes meinte unlängst, wir hätten den tiefsten Stand seit zwanzig Jahren erreicht. Die europäischen Währungshüter runzeln sorgenvoll ihre Stirnen, und die Bundesregierung weiß vor lauter Verzweiflung nicht, welche Steuer sie als erstes erhöhen soll.

Die Unternehmer sind verunsichert, und als Folge davon hat im Land die Zahl der Firmengründungen dramatisch abgenommen. Aber es gibt immer noch Leute, die positiv denken. Rolf Rohr war einer davon. Er wohnte in einem großflächigen Dorf mit vielen neuen Einfamilienhäusern. Ihm kam eine, wie er dachte, zukunftsträchtige Geschäftsidee. Er machte seinen Meister als Ofensetzer und eröffnete auf seinem Grundstück eine eigene Kaminbau-Firma mit angeschlossenem Laden, in dem er Öfen aller Art verkaufte. »Ofen-Rohr« stand groß und gut sichtbar auf zwei Werbeschildern über dem Eckgeschäft. Draußen vor der Tür stellte er zu Werbezwecken einen überdimensionalen Kanonenofen auf.

Einige Wochen nach der Geschäftseröffnung erhielt der Meister einen Brief von der unteren Bauaufsichtsbehörde. »Um was mag es sich handeln?« dachte er sich auf dem Weg vom Briefkasten zu seinem Büro. »Um eine verspätete Gratulation zu meinem Mut, in diesen schlechten Zeiten etwas zu riskieren? Oder gar um den Auftrag, im Rathaus neue Öfen zu setzen?«

Nichts von alledem stand in dem Schreiben. »Dem Bauordnungsamt ist bekannt geworden, daß Sie auf dem o.g. Grundstück drei Werbeanlagen errichtet haben. Dies steht im Widerspruch zu öffentlich-rechtlichen Vorschriften. Bitte entfernen Sie die Werbeanlage in Form des Kanonenofens. Für die beiden anderen Werbeanlagen (Werbeschilder) besteht die Möglichkeit, einen Bauantrag zu stellen.«

Rolf setzte sich hin und verfaßte zwei Briefe. An die Bauaufsicht schrieb er: »Der Kanonenofen ist keine Werbeanlage im Sinne der Bauordnung, da er nicht fest mit der Erde verankert wurde. Die Schilder sind keine eigenständigen Werbeanlagen, sondern dienen lediglich der Geschäftskennzeichnung.« Den zweiten Brief schickte der Ofensetzer an das Bauplanungsamt und stellte vorsorglich einen Bauantrag für die beiden Werbeschilder.

Wer zweimal schreibt, soll auch zweimal Antwort bekommen. Das Bauplanungsamt lehnte den Bauantrag für die Werbeschilder kategorisch ab: »Aus gestalterischen Gründen wird im Sanierungsgebiet diese Art von Werbeanlagen nicht zugelassen.« Und das Bauordnungsamt verlangte, sämtliche Werbeanlagen sofort zu beseitigen. Außerdem drohte es gepfefferte Zwangsgelder in Höhe von dreimal 250 Euro an und erhob eine Gebühr von 100 Euro.

Rolf in seiner Not legte Widerspruch ein und appellierte an die Vernunft: »Es handelt sich doch lediglich um Schilder zur Geschäftskennzeichnung. Sie verunstalten weder bauliche Anlagen noch das Straßen-, Orts- oder Landschaftsbild, und sie gefährden auch nicht die Sicherheit des Verkehrs.«

Umsonst. Die Beamten ließen sich von diesen fadenscheinigen Argumenten nicht beeinflussen. Sie wiesen den Widerspruch vehement zurück und brummten dem Kaminbauer weitere 100 Euro an Kosten auf.

Ein Geschäft ohne Ladenüberschrift kann nur schwer von Kunden gefunden werden und geht wahrscheinlich pleite. Rolf blieb deshalb nichts weiter übrig, als Klage beim Verwaltungsgericht einzulegen. Diese Entscheidung steht noch aus.

Vielleicht wissen die Richter dort, wie Winston Churchill einen Unternehmer charakterisierte: »Manche halten ihn für einen räudigen Wolf. Andere meinen, er sei eine Kuh, die man ununterbrochen melken könne. Nur wenige sehen in ihm ein Pferd, das den Karren zieht.«

Überraschender Besuch beim Bürgermeister

»Still schleicht das Schicksal herum auf dieser Welt. Der eine hat den Beutel, der andere, der hat's Geld«, dichtete schon der österreichische Dramatiker und Schauspieler Johann Nepomuk Nestroy (1801–1862). Die meisten wollen immer noch nur unser Bestes, nämlich unser Geld. Ein Weg, der vom Kopf zur Brieftasche führt, ist der Weg der Werbung. Es geht dabei nicht um das Übermitteln von Botschaften. Die Werbung zielt direkt und hauptsächlich auf das Unterbewußsein. Werbung ist in der heutigen Zeit allgegenwärtig. Im Fernsehen werden die Filme ständig von Werbeeinblendungen unterbrochen, Zeitungen und Zeitschriften bestehen fast zu fünfzig Prozent aus Werbung, die Briefkästen quellen vor Werbezetteln über, Handys und Faxgeräte spucken rund um die Uhr unbestellte Werbetexte aus und in ganz normalen Kinofilmen werben die Firmen mit sogenanntem Produkt Placement – Coladosen und Zigarettenschachteln in den Händen der Helden.

Die ABC-GmbH vermarktete großflächige Werbetafeln, die sie entlang der Straßen aufstellte. Besonders begehrt waren die Kreuzungsbereiche, weil den Autofahrern während der Rotphase nichts übrig blieb, als die Reklameschilder wenigstens mit einem Blick zu streifen.

Nur in Z-Dorf, einer mittelgroßen Gemeinde, blieb die Verwaltung stur. Sie verweigerte der ABC-GmbH die beantragte Aufstellgenehmigung von zwei Großwerbetafeln im Gemeindegebiet mit dem Hinweis auf die gültige Werbeanlagensatzung, nach der an dem geplanten Standort Werbeanlagen mit einer Fläche von mehr als drei Quadratmetern unzulässig seien.

Dr. Ortwin, der Geschäftsführer der ABC-GmbH, versuchte es mit einem alten Trick, der schon häufig zum Erfolg geführt hatte: Er ließ sich in einer sechstürigen Limousine nach Z-Dorf chauffieren, stürmte nebst persönlichem Referenten und kurzberockter, hochhackiger Sekretärin in das Büro des Bürgermeisters und drohte mit einer sofortigen Beschwerde bei seinem Freund, dem Ministerpräsidenten, wenn ihm nicht binnen fünf Minuten die Genehmigung erteilt werden würde.

Diesmal versagte der Einschüchterungsversuch. Der Bürgermeister entpuppte sich als sturer Bauernschädel, der sich weder von der von Dr. Ortwin zur Schau gestellten goldenen Schweizer Uhr noch von dessen handgenähten Budapester Schuhen beeindrucken ließ. Er unternahm nicht den geringsten Versuch, der Sekretärin unter den Rock zu plinsen und schien am Wohlwollen des gütigen Landesvaters wenig interessiert zu sein.

»Mist, verdammter«, schimpfte Dr. Ortwin auf der Rückfahrt. »Aber noch sind nicht alle Messen gesungen. Dich kriegen wir schon noch, Kartoffelfresser, elendiger.«

Der Unternehmer sollte Recht behalten. Auf seine Klage urteilte nämlich das Verwaltungsgericht: »Die Satzung ist unwirksam. In diesem Fall ist ein generelles Verbot großflächiger Werbeanlagen unzulässig, da der Standort in einem Mischgebiet liegt, also einem Viertel, in dem Wohngebäude und gewerbliche Nutzbauten nebeneinander existieren. Dort gibt es keine einheitliche Bebauung wie in einem reinen Wohngebiet, die durch Werbetafeln verunstaltet würde. Die Gemeinde muß die Genehmigung erteilen.«

Der Richter sollte einmal Urlaub in Schweden machen. Er würde dann zu seiner Verblüffung feststellen, daß dort selbst in reinen Gewerbegebieten keine großflächigen Werbetafeln die Landschaft verschandeln. Nur Bäume. Links stehen Bäume, rechts stehen Bäume, und dazwischen Zwischenräume.

Der schmerzhafte Trick des Zauberkünstlers

Ein weitverbreitetes Vorurteil besagt, daß Zahnärzte zu den Spitzenverdienern gehören, obwohl – oder gerade weil – sie von der Hand in den Mund leben. Das folgende Beispiel soll zeigen, wie schwer der Broterwerb eines Dentisten aber tatsächlich ist.

Dr. Jasper bestritt seine Existenz damit, anderen Menschen auf den Zahn zu fühlen. In seinem Wartezimmer saßen tagein, tagaus mürrische Patienten, die in zerlesenen Zeitschriften aus den neunziger Jahren blätterten und denen geruchsintensiver Angstschweiß den Rücken hinunterrann. Die meisten taten recht daran, sich zu fürchten. An ihren Zähnen hatte spürbar der Zahn der Zeit genagt. Dr. Jasper versuchte sie mit Scherzworten aufzumuntern: »Wenn es heftig weh tut, ist es ein gutes Zeichen, weil die Wurzeln noch nicht abgestorben sind.«

Eine tiefgründige Wurzelbehandlung ist also keine einfache Sache. Für den Zahnreißer nicht, und für den Leidenden schon gar nicht. Dr. Jasper beschloß deshalb zu rationalisieren. Bei Rebekka, einer materiell gutgestellten Witwe eines Strumpfwarenhändlers, machte er damit den Anfang.

»Gnädige Frau«, sagte er. »Für ihren Oberkiefer benötigen Sie eine Blockkrone. Die Voraussetzung dafür ist eine Wurzelbehandlung an 14 Zähnen, um sie zu devitalisieren. Das wären schlichtweg 14 Termine, alle zwei Wochen einer. Jetzt haben wir Ostern. Unter Berücksichtigung von Urlaub und krankheitsbedingten Ausfallzeiten könnten wir Weihnachten fertig sein. Eine unmenschliche Strapaze! Stattdessen schlage ich Ihnen vor, daß wir einen gewaltigen Zahn zulegen. Wir machen alles an einem einzigen Tag! Sie müssen tapfer sein und einige Stunden lang die Zähne zusammenbeißen. Aber ich weiß, Sie können das.«

Rebekka stimmte zu und unterschrieb eine Honorarvereinbarung über 4.500 Euro. Außerdem unterzeichnete sie eine Verzichtserklärung, in der sie sich verpflichtete, von allen etwaigen Schmerzensgeldfordungen Abstand zu nehmen. Morgens um 8.30 Uhr nahm die Witwe auf dem mit glänzender Plastikfolie überzogenen Behandlungsstuhl Platz, abends um halb neun war es geschafft. Auch Rebekka war fix und fertig. Zum einen durch die nicht enden wollende Höllentortur, zum anderen, weil ihr Dr. Jasper zwischendurch den einen oder anderen Kognak eingeflößt hatte, um den Kreislauf zu stabilisieren.

Alles hätte nun gut sein können, wenn die Prothese gepaßt hätte. Aber sie tat es nicht. Künstlerpech. Kann schon mal vorkommen. Der Zahnklempner zuckte bedauernd mit den Schultern und rückte freiwillig 3.250 Euro vom sauer verdienten Honorar wieder heraus. Der spärliche Rest reichte gerade für den hohlen Zahn.

Aber die nachtragende Witwe wollte mehr. Sie verklagte den Dentisten. Ein Sachverständiger behauptete in seinem Gutachten: »Die Komplettverblockung des gesamten Oberkiefers stellte einen groben Behandlungsfehler dar. Die Verabreichung von Kognak war medizinisch nicht begründbar, und die Wurzelbehandlung von 14 Zähnen medizinisch nicht indiziert.«

In diesem Sinne fiel das Urteil aus. Dr. Jasper muß das gesamte Honorar zurückzahlen und 6.000 Euro Schmerzensgeld oben draufpacken. »Die Verzichtserklärung war unwirksam, denn es ist unzulässig, einem Patienten das gesamte Behandlungsrisiko aufzubürden«, meinte das Gericht abschließend.

Das Zauberkunststück des Zahnarztes hatte versagt. Diesmal war es ihm nicht gelungen, einem anderen Gold in den Mund zu stecken und ihm dabei das Geld aus der Tasche zu ziehen.

Von Beruf Tausendsassa

Es gibt Leute, die wissen, was die Welt im Innersten zusammenhält. Sie können auf jede Frage eine Antwort geben und haben für jedes Problem eine Lösung parat. Begriffe wie globale Innovationsvernetzung, konsensfähige Investitionssubventionierung und partnerschaftliche Wettbewerbspotentiale gehen ihnen leicht von den Lippen. Sie kennen das Steuerrecht aus dem Effeff, stecken selbst einen Fachanwalt für Insolvenzrecht in die Tasche und sind mit dem Ministerpräsidenten per du. Sie besitzen Dutzende Firmen mit klangvollen Namen und werden vom Bankdirektor persönlich mit Handschlag begrüßt. Bei ihren Geschäftsabschlüssen geht es meistens um Millionen (wenigstens auf dem Papier), und trotzdem haben sie häufig nicht mehr als zwanzig Cent in der Tasche.

Der 45jährige Edgar war so einer. Er trug am liebsten doppelreihige blaue Jacken mit goldenen Knöpfen, dunkelblaue Hemden und rotblau gestreifte Krawatten. Seine goldene Uhr war so groß wie eine Untertasse, er roch wie die Parfümabteilung in einem Duty Free Shop und seine Autos, die er halbjährlich zu wechseln pflegte, besaßen allesamt Ledersitze und Automatikgetriebe. Von Beruf war Edgar Tausendsassa. Nach Belieben nannte er sich Makler, Geschäftsführer oder Prokurist. Eine Zeitlang hatte er einen günstig erworbenen Doktortitel geführt, aber sofort damit aufgehört, nachdem ein bekannter Politiker damit aufgeflogen war. Das Wort Überziehungskredit gehörte zu seinen Lieblingsbegriffen.

Seine 39jährige Frau Heidelinde war aus ganz anderem Holz geschnitzt. Sie kümmerte sich vor allem um die Erziehung der minderjährigen Zwillinge Ludvig und Lydia und hielt Geld für schlechte Zeiten im Tischkasten versteckt. Dann kauften sich Edgar und Heidelinde ein hübsches Baugrundstück am Waldrand. »Hier werde ich uns eine schmucke Villa errichten, Liebste« wagte der Gatte einen Blick in die Zukunft.

Aber es folgte eine finanzielle Depression. Ein für Edgar todsicheres Geschäft war völlig unerwartet geplatzt. Was nun? Auf der Kommode türmten sich die Rechnungen vom Grundstückskauf. Heidelindes Eltern sprangen ein. Sie bezahlten die Maklerprovision in Höhe von 2.958 Euro. Sie entlohnten den Notar mit 424,16 Euro. Sie beglichen 42,50 Euro an Verwaltungsgebühren, und am Ende übernahmen sie auch noch den kompletten Kaufpreis in Höhe von 42.500 Euro.

Der Baubeginn für die schmucke Villa verzögerte sich. Schließlich entdeckte Edgar ein viel schöneres, größeres und noch preisgünstigeres Anwesen direkt am See. »Paß auf Schatz, wir verkloppen die olle Klitsche«, meinte er zu seiner Gattin, und Heidelinde, die anstelle einer Brille Tomaten auf den Augen trug, ließ sich zum Verkauf überreden.

Doch mit dem Ankauf des nächsten Grundstücks wurde es zunächst noch nichts. Edgar benötigte den Erlös, um ein größeres finanzielles Loch in einer seiner Unternehmungen zu stopfen. Kaum war diese Transaktion über die Bühne gegangen, eröffnete er seiner Ehefrau, daß er nun endlich diesem kleinbürgerlichen Mief entfliehen werde. Außerdem habe er seit Monaten eine Geliebte, die seidene Unterwäsche tragen würde und noch nicht einmal wüßte, wie das Wort Kittelschürze zu buchstabieren sei. Heidelinde trank mehrere Flaschen Pfefferminzlikör. Nachdem sie wieder nüchtern geworden war, reichte sie die Scheidung ein.

Und was taten ihre guten Eltern? Sie entpuppten sich als nachtragende Kotzbrocken und wollten die 45.961,81 Euro vom Grundstückskauf wiederhaben. »Geschenkt ist geschenkt, wiederholen ist gestohlen«, meinte Edgar lapidar.

Das Gericht war anderer Meinung. »Das Ziel, das die

Geschäftsgrundlage der Zuwendung war, ist nicht erreicht worden, da der Beklagte seine Familie verlassen hat, um mit einer anderen Frau zusammenzuleben. Die Ehe des Beklagten mit der Tochter der Kläger ist gescheitert und steht deshalb vor der Scheidung. Hierdurch ist die Geschäftsgrundlage für die erfolgte Zuwendung so erschüttert worden, daß den Klägern deren Aufrechterhaltung nicht zumutbar ist. Der Beklagte und die Tochter der Kläger haften als Gesamtschuldner. Aus diesem Grund können die Kläger den Beklagten in voller Höhe in Anspruch nehmen«, hieß es im Urteil.

Edgar, dieser schlaue Bursche, hätte es wissen müssen. »Eine böse Schwiegermutter ist des Teufels Unterfutter, und ein arger Schwiegervater ist des Satans schwarzer Kater«, heißt es schon im Sprichwort.

ISBN 978-3-360-01911-0

Umschlaggestaltung: www.buchgestalter.net

Druck und Bindung: Druckerei Finidr

Ein Verlagsverzeichnis schicken wir Ihnen gern:

Das Neue Berlin Verlagsgesellschaft mbH

Neue Grünstr. 18, 10179 Berlin

Tel. 01805/30 99 99 (0,14 Euro/Min.)

Die Bücher des Verlags Das Neue Berlin

erscheinen in der Eulenspiegel Verlagsgruppe

www.das-neue-berlin.de